玉屏侗族自治县传统村落志

大湾村志

YUPING DONGZU ZIZHIXIAN CHUANTONGCUNLUO ZHI
DAWANCUN ZHI

玉屏侗族自治县传统村落志编纂委员会 编

方志出版社
Publishing House of Local Records

图书在版编目（CIP）数据

玉屏侗族自治县传统村落志．大湾村志 / 玉屏侗族自治县传统村落志编纂委员会编．—北京 ：方志出版社，2024.2

ISBN 978-7-5144-5748-3

Ⅰ．①玉… Ⅱ．①玉… Ⅲ．①村史—玉屏侗族自治县 Ⅳ．①K297.35

中国国家版本馆CIP数据核字（2024）第053772号

责任编辑：程倩
责任校对：张玉霞
责任印制：梅中英
出 版 者：方志出版社
地　　址：北京市朝阳区潘家园东里9号（国家方志馆4层）
邮　　编：100021
网　　址：http://www.zgfzcb.cn
发　　行：方志出版社图书营销中心（010-67110500）
印　　刷：云南美嘉美印刷包装有限公司
开　　本：787毫米×1092毫米　1/16
印　　张：15
字　　数：295千字
版　　次：2024年2月第1版
印　　次：2024年2月第1次印刷
定　　价：138.00元

*玉屏侗族自治县传统村落志编纂委员会

名誉主任：杨启明　田兴国

主　　任：杨　枫　石　健

副 主 任：姚伦光　舒　畅　李竹梅

成　　员：胡　波　姚茂荣　张　智　张运池　詹　敏
江继武　罗金松　邹　志　姚红莉　杨昌军
潘升休

*玉屏侗族自治县传统村落志·大湾村志编辑部

主　　编：李竹梅

副 主 编：吴　娅　姚　珂　姚伦强

编　　辑：吴　娅　彭　飞　姚茂成　谢祥金　杨　婧

编　　务：全宏标　罗厚裕　吴　群　黄开文　姚　儆
杨秀培　姚亚芬　江　军　刘　丽　孟　新
杨　慧　李思思　姚懿洲　许　愿　杨土金
王梦萍　刘元水　吴安江

图　　片：杨　锋　姚祖告　姚林屏

序

家之有谱，村之有志，犹国之有史也。凡山川之锦绣，人物之众寡，政教礼乐之得失，无不罗列记述。编修地方志是传承地方文化，记载地方历史的一项文化义举。从明、清时期到本世纪初，玉屏历史上多次修志，主要编修县级综合志和部门志，而乡镇志、村志的编修，从未列入县级政府编纂序列。

2017 年 5 月，中共中央办公厅、国务院办公厅印发《国家“十三五”时期文化发展规划纲要》指出，“完成省、市、县三级地方志书出版工作。开展旧志整理和部分有条件的镇志、村志编纂。”2020 年 7 月，《关于印发玉屏侗族自治县编纂乡（镇、街道）志、村志工作的通知》将村志编纂提上日程，每个乡（镇、街道）编纂 1 部村志。2021 年 8 月，贵州省人民政府制定《贵州省传统村落高质量发展五年行动计划（2021—2025 年）》，传统村落村志编纂迎来历史上的高光时期。10 月，贵州省地方志编纂委员会办公室印发《贵州传统村落志编纂实施方案》，明确将编修传统村落志作为一项政治任务列入议事日程。11 月，玉屏启动《玉屏侗族自治县传统村落 · 大湾村志》编纂工作。

随着社会主义新农村建设和新型城镇化建设进程的加速，尤其是党的十八大以来，乡村面貌发生翻天覆地的变化，但传统村落民俗文化正在日益远离当下生活。乡村文化作为社会文化体系的重要组成部分，凝聚着乡土人文之美，如果没有乡村文化的传承与创新，那么乡村振兴就失去了真正的灵魂。乡村振兴既要塑形，也要铸魂。文化振兴是乡村振兴的重要组成部分，没有文化的繁荣兴盛就难以实现乡村振兴。将传统村落文化以志的形式记载下来，是文化自信的体现，是贯彻落实党的十九大、党的二十大提出的乡村振兴战略的重要举措。而今传统村落的生产生活方式、民风民俗、传统节目、传统工艺等存在消亡危机，抢救性保护刻不容缓。编纂志书，是保存村落历史文化信息的重要途径，更是抢救和保护传统村落的最佳方式。

大湾作为玉屏的传统村落，作为玉屏侗族文化最为浓郁、民族习俗保存最完整的侗族村寨，其别具一格的吊脚民居、侗家特有的赶坳活动、香醇美味的罐罐油茶、优雅迷人的侗族歌舞，无不展现着中华优秀传统文化的独特性格。县方志办的同志不辞辛劳，经过近两年的努力，终见编修成果。通过编纂传统村落志，深度挖掘大湾村落历史，梳理村落的发展脉络，记录社会主义新农村建设和脱贫攻坚过程村落发生的变化，留住和唤起了对传统村落的乡愁与记忆。《玉屏侗族自治县传统村落·大湾村志》的编纂出版，既填补了玉屏志书库存的一大空白，也向省、市交出了一份玉屏地方志工作的答卷，这无疑是玉屏地方志事业发展过程中一件大喜事！是故欣然作序，以示庆贺！

中共玉屏侗族自治县委书记　杨启明

玉屏侗族自治县人民政府县长　田兴国

2023 年 4 月

凡 例

一、本志以马克思列宁主义、毛泽东思想、邓小平理论、“三个代表”重要思想、科学发展观、习近平新时代中国特色社会主义思想为指导，坚持辩证唯物主义和历史唯物主义的立场、观点和方法，全面、客观、系统记述玉屏侗族自治县传统村落大湾村的发展变化进程和改革开放成果，反映小康社会建设过程，传承和抢救乡土历史文化。

二、为全面反映入志事物发展脉络，志书上限追溯至事物发端，下限断至2020年，个别事项延至搁笔。详今明古，着重反映时代特色和地方特点，重点体现大湾村的“名”与“特”。

三、统一采用条目体，设类目、分目、条目三个层次，个别条目增设次条目。横排门类，纵述史实，述而不论。综合运用述、记、志、传、图、表、录等体裁，以志体为主。

四、人物部类遵循“生不立传”原则，人物传主按生年排序，选录对本村发展有重大影响的人物。

五、记述各个历史时期的党派、机构、职务、地名等，均以当时的名称为准。

六、中华民国成立前的纪年，使用朝代年号纪年，括注公元年份；中华民国成立后的纪年，均使用公元纪年。志中所称“解放前（后）”，以玉屏侗族自治县解放日为界；“中华人民共和国成立前（后）”，以中华人民共和国成立日1949年10月1日为界；“改革开放前（后）”，以1978年12月中共十一届三中全会召开为界。

七、数字用法、标点符号用法分别采用国家标准《出版物上数字用法》（GB/T 15835—2011）、《标点符号用法》（GB/T 15834—2011），计量单位采用国家技术监督局1993年12月发布的《量和单位》系列国家标准。历史上使用的计量单位，如斗、石、里、尺、磅、华氏度等，在引文时可照录。考虑到社会使用习惯，全书中亩、尺、寸等不统一换算。

八、本志资料主要来源于县档案馆、新店镇档案资料以及村民口述资料、书刊、家谱等。

青树坳风光 （杨 锋 摄）

新寨全景

（姚祖告　摄）

铜鼓塘民居　　（姚林屏　摄）

新寨组干栏式民居　　（杨　锋　摄）

吊脚楼　　　　　　　　　　　　　　　　　　　　　　　　　　　　（姚祖告　摄）

大湾村干栏式活动室　　　　　　　　　　　　　　　　　　　　　　（姚林屏　摄）

大湾侗韵园　　（杨　锋　摄）

云宿　　　　（姚林屏　摄）

雅鹿酒坊　　　　（姚祖告　摄）

侗歌、拦门酒迎宾　　（姚林屏　摄）

2014 年 8 月，青树坳赶坳　　（杨　锋　摄）

吹木叶　　（姚林屏　摄）

长号演奏　　（杨　锋　摄）

2018 年，篮球比赛　　（姚林屏　摄）

大湾米酒 （姚祖告 摄）

罐罐油茶 （姚祖告 摄）

目 录

概　述

大湾村美景 （杨 锋 摄）

大湾村位于贵州省玉屏侗族自治县新店镇东南部，辖区面积6.74平方公里。民国时期，大湾村与朝阳村同属于一保。1955年，大湾独立建村。2020年，全村辖8个村民组，有261户922人。村内有汉、侗、苗等民族，其中侗族人口870人，侗族占比94.4%，是典型的侗族村寨。大湾村交通较为便利，一条公路从320国道新店镇三家桥处通往村委会所在地，各组有通组公路相连。大湾村侗族风情底蕴浓厚，是县境内民族风情保存比较完整的村落之一。整个村庄处于翠绿群山之中，侗族文化、侗族美食、侗族建筑在这里都得到很大程度的保存。村域蕴藏着锌、铅、锰、铁、重晶石等矿产资源，锌、铅、锰、铁均有开采。

（一）

大湾村有底蕴浓厚的建筑文化。大湾村至今还保存着较完好的传统民居群，依山而建的吊脚楼更是点睛之笔。因地处山区，地势不平，村民修建房屋大多因地制宜、据地势而建。小青瓦木楼掩映于群山翠绿之间，村寨层层叠叠，错落有致。传统民居通常由正屋、偏厦、厢房构成，为传统干栏式建筑。房屋构造通过穿枋（木方）将整栋房屋的所有木头柱子穿插连接固定起来，不用一钉一铆。正屋坐落于平整的地基上，三开间，人字形青瓦顶，通过柱、瓜数量变化建造不同大小的房屋，堂屋前板壁内缩形成堂屋门口。吊脚楼是正屋的一个附属，相当于厢房或偏厦，多采用单吊式，正屋不做吊脚楼。吊脚楼虽只是作为厢房，但制作更显匠心，风格灵活，造型生动，与正屋相比更富生机。在大湾村，几乎家家都建有火铺。火铺是人们休息吃饭及开展活动的重要场所，民族风情浓郁，特别是在冬春两季，每当客人到来，主人就会把客人迎到火铺上一一入座，将饭菜做好，把酒、饭菜摆放在火铺上，主人客人聚在一起喝酒唱酒歌，其乐融融。

（二）

大湾村侗族文化保存完整，是侗族风俗较浓的地方，独具魅力的传统民族文化生活，深深地吸引着省内外前去采风的媒体和观光游客。2013年，中央电视台《乡土》节目组到大湾村录制节目《玉屏人的宝贝》。2014年，大湾村被列入第三批中国传统村落名录。2018年，大湾村被命名为第三批“贵州省少数民族特色村寨”。

大湾村至今仍保持传统节日的庆祝方式。生活在这里的大湾人性格豪爽、情感淳朴、待人诚恳、尊老敬贤。遇上婚丧嫁娶、生日或乔迁喜庆日，必备丰盛筵席，邀约四邻八乡的亲朋好友，用他们特殊时节的特定习俗同喜同贺，表达祝福。每年春节前后，大湾村民们就会吃庖汤、过小年、打阳尘、闹除夕、祭天祭祖祭土地，庆祝春节的到来。每逢赶坳日，村民们穿上盛装，汇集于坳场，青年男女唱着动听的山歌，寻找人生伴侣，老年人提上精致的鸟笼，摆成一圈，或观赏或参加斗画眉。2008年，玉屏“赶坳”民族文化活动被列为贵州省非物质文化遗产保护项目。随着时代的发展，“赶坳”这一传统习俗的内涵更加丰富，大湾村民们将侗族民间歌舞表演、斗鸡、打篮球、拔河等活动融入赶坳，使之成为内容丰富的民族文化艺术节。

大湾村具有独特的饮食文化。罐罐油茶是玉屏侗族人民极为喜爱的传统美食，也是大湾村款待贵客的上乘佳品，其佐料丰富，制作方法讲究，不仅甘甜清香，食之不腻，还有提神解乏之功。2009年，侗家罐罐油茶制作技艺被列入贵州省第三批非物质文化遗产名录。大湾村民攮的盘子粉，色白透亮，细腻柔软，既可热吃，也可凉吃，其味香醇，风味独特。侗家火铺上炕制的腊肉，立夏必吃的豆腐笋，过社

大湾村春节活动　　　（姚祖告　摄）

必做的社饭，杀年猪必吃的庖汤等，都是大湾人民精心制作的传统美食。

大湾村拥有经久不衰的酒歌文化。大湾村有“无酒不成席”“无处不飞歌”的说法，在各种节庆活动、朋友交往中，以酒为礼、以歌为乐。大湾村几乎家家都会酿制侗酒，种类可分为烧酒、甜酒、苦酒。烧酒多用于酒席间饮用，甜酒和苦酒则在劳作之余或来客进屋后以酒代茶解渴之用。为传承发扬大湾的酒文化，2018 年，大湾办起雅鹿酒坊。大湾人遇酒必歌，酒与歌相伴相生，由此衍生出许多酒规酒礼。主人向客人敬酒时，要唱酒歌，表示敬意或祝福，被敬酒人也用歌回谢。歌声、笑声、喝彩声交织在一起，异常热烈。

（三）

大湾村有不屈不挠的抗争精神。大湾村偏安一隅，中华人民共和国成立前，自然环境虽好，生产生活条件却很差。大湾人用勤劳和勇敢与贫穷、苦难作斗争，用艰辛的汗水浸润了这片土地。明清至民国晚期，大湾村民饱受苛政压迫和匪患骚扰，危难之际，只得围绕高山上筑囤，以“坐囤”方式躲避和防御兵灾、匪患。1938 年冬，大湾与朝阳一带的人民组织武装力量，反抗民国县政府当局抓兵派款。1939 年，民国县政府与武装村民言和，议定不再随意抓兵派款。

青树组云宿　　　　（姚林屏　摄）

大湾的人民生活逐步改善。玉屏解放后，特别是 1984 年 11 月玉屏侗族自治县成立后，在中国共产党的领导下，大湾村人秉持先辈勤劳俭朴的品质，顽强拼搏，大湾的生产生活条件得到改善。中共十八大以后，县、镇两级党委、政府落实扶贫政策，加大扶贫力度，大湾产业快速发展，村民生活水平不断提升。

村容村貌日新月异。2010 年以后，大湾村基础设施日益完善，通村路、通组路、联户路组成纵横交错的公路网，硬化率 100%。移动、电信信号和 4G 网络全覆盖，卫生室、戏台、活动广场、农家书屋等公共服务设施都配套齐全。村内每家每户都实现安全住房，配备灶和卫生厕所，实现房屋室内外地面硬化；全村进行“电网提级改造”，村内安装太阳能路灯 255 盏，覆盖 9 个村民组。

2018 年，大湾村退出贫困村，撕掉了“贫困”的标签。同年，被贵州省爱卫办命名为“省级卫生村”，是该年度玉屏侗族自治县唯一获此荣誉的行政村。充分发挥民族文化优势，新建大湾云宿，打造侗韵园，发展休闲垂钓，将大湾打造成为乡村休闲旅游点。展望未来，大湾将在乡村振兴的道路上阔步前行，发展成宜居、宜游、宜业的美丽新农村。

村情概况

从清朝初期到民国晚期近300年间，大湾村属于传统型农业村，采取以粮食生产为主的种植业和以畜禽饲养为辅的养殖业相结合的模式。20世纪50年代后期至60年代初，出现集体经济形式的副业经营，如以农产品加工为主的碾坊、榨油坊、磨坊，还有从事纺织和布料加工的裁缝铺。大队办有专门从事种植业和养殖业的集体农场，生猪养殖曾经兴旺一时。实行家庭联产承包责任制后，种植业、养殖业齐头并进，村民经济状况得到改善。进入21世纪，随着国家扶贫政策的逐步倾斜，各级政府加大对大湾村的扶持力度，以石蛙、七彩野山鸡、跑山鸡为主的生态养殖业初见成效。

*建置区划

村名由来 大湾村原名完溪。因村寨坐落大山湾内，改名为大湾。村落房屋依山而建，呈带状分布。

地理位置 大湾村位于玉屏侗族自治县西南部、新店镇东南部，东面与湖南省新晃侗族自治县凉伞镇冲首村交界，南面抵湖南省新晃侗族自治县凉伞镇梭溪村。西面与新店镇朝阳村毗邻，北面与新店镇丙溪村相邻，东北面与皂角坪街道铁家溪村相邻，大湾村辖区面积6.74平方公里。

历史沿革 1939年2月，全县整编区、保、甲，大湾隶属平溪一区新店联保十二保。

1941年，全县设1个镇6个乡，大湾归属新店乡第五保（朝阳）。大湾自然村有9甲161户。

1949年9月，第五保改为第四保，大湾归于第四保。第四保辖十三甲，一甲设芭蕉坪，二甲、三甲设新寨，四甲设大湾（今大湾组），五甲设洞上，六甲设五家冲，七甲、八甲、十甲设铜鼓塘，九甲设尖坡，十一甲设腊树湾，十二甲设朝阳寨，十三甲设枫木坡。干山坡划属第五保（道扒溪）。

1949年11月18日，玉屏县解放后，改乡（镇）为区，大湾属于第二区第四保。

1950年3月，二区（新店）并于一区（城关），第四保隶一区。同年10月，全县成立村农民协会，废除保甲制度，取消保甲长，建立行政村、自然村，民主选举村长。第四保改为十六村，辖大湾、朝阳两个自然村。

1952年6月，一区设1个镇6个乡，丙溪乡建立，十六村隶丙溪乡。

1954年初，全县开展农业生产合作化运动，丙溪乡十六村组建“尖坡初级农业生产合作示范社”，为全县三个初级示范社之一（七里塘、三岔、尖坡）。在农业生产方面，十六村的大湾、朝阳2个自然村出现自由分割的形式，不再实行统筹管理。

1955年，撤销十六村，分别建立大湾村和朝阳村。大湾村辖新寨、寨脚、团田、老寨、平地、大田、大湾、井湾、五家冲、李家湾、龙田、石榴坡、铜鼓塘、中寨、枞树坡、洞上、高峰、姚家湾、烂泥田、青树、半坡21个自然村。从此，大湾村有单独建置发展的历史。

1956年，大湾村成立高级农业生产合作社。

1958年1月，撤区并乡，全县置1个镇7个乡。大湾村隶新店乡。

1958年10月，“以乡建社”，全县建立8个人民公社。大湾高级农业社改为大湾大队，隶火箭人民公社。大湾大队辖新寨、团田、老寨、大田、大湾、龙田、铜鼓塘、高峰、青树9个生产队。

1958年12月，玉屏县与江口县并入铜仁县，玉屏县原8个人民公社，改设为4个人民公社。大湾隶属玉屏人民公社丙溪管理区。

1961年8月，玉屏县恢复建制。9月，4个人民公社改置4个区，25个管理区并为16个人民公社。大湾大队隶城关区丙溪人民公社。

1968年10月，全县撤区并社。新店人民公社、丙溪人民公社并为向阳人民公社，大湾大队隶向阳人民公社。

1980年5月，向阳人民公社更名新店人民公社，大湾大队隶新店人民公社。

1984年1月，全县人民公社改称乡，生产大队改称行政村，生产小队改称生产合作社。大湾大队改称大湾村，属于新店乡，辖新寨、团田、老寨、大田、大湾、龙田、铜鼓塘、洞上、青树9个生产合作社。

1990年3月，根据《中华人民共和国村民委员会组织法试行》，改行政村为村民委员会，生产合作社改为村民组。大湾村民委员会辖龙田、铜鼓塘、青树、洞上、大湾、新寨、老寨、大田8个村民组。

2017年，大湾村新寨组 （杨 锋 摄）

2016年，新店乡撤销建立新店镇，大湾村隶新店镇。

2020年，大湾村隶属新店镇，辖龙田、铜鼓塘、青树、洞上、大湾、新寨、老寨、大田8个村民组。

* 自然环境

地质地貌 大湾村位于扬子准地台上扬子台褶带和江南台隆的分区带，地层基底为前震旦系梵净山群及板溪群浅到深变质岩侵入体。地层分布总趋势为东南面地层，向西北面过渡为新地层。其地下以下古生代地层为主，主要出露寒武系、板溪群。寒武系是出露最完整的地层，主要为白云岩、灰质白云岩及白云质灰岩，厚度约 2000 米。

山脉走向属云贵高原向湘西丘陵过渡的斜坡地带，地貌以低山为主。地势西南高，东北低。海拔在 400 ~ 845 米。群山环抱，一般山峰都在 600 米以上，最高峰青树组尖峰梁高 845 米。

气候特征 大湾村属中亚热带湿润气候区，其特点是干湿明显，降水丰富。多年平均气温 16.8℃，1 月平均气温 5.2℃，极端最低 -10.7℃（1977 年 1 月 30 日）；7 月平均气温 27.2℃，极端最高气温 39.7℃出现三次（1975 年 7 月 30 日、2010 年 8 月 5 日、2011 年 7 月 26 日）。全年无霜期 299 天左右，日照时间 1198.8 小时。雨热同季，雨季多出现在 4—9 月，多年平均降水量 1185.5 毫米。

河流 大湾村内有溪流 1 条，是丙溪河上游的重要支流，有铜鼓塘组、大田组、大湾组、老寨组 4 处水源点，在新寨组交汇，向北于两叉溪汇入丙溪河。

矿产资源 大湾村矿产资源丰富，金属矿产有铅、锌、铁等，非金属矿产主要是重晶石。

铅锌矿 大湾村是县境内的主要铅锌矿带，铅锌矿主要分布在青树组银厂沟一带。1991 年，湖南 407 地质队在铜鼓塘组也发现了铅锌矿。据查勘，银厂沟铅锌矿与湖南县属于同一矿带。矿石质量好、品质高，但矿层薄、矿体延伸长，适宜小型开采。1958 年，县工商部门组织群众在银厂沟挖洞开采铅锌矿。矿品含铅 23%，锌 21%。

铁矿　分布于新寨组乜溪坡，与锰矿交混。20 世纪 60 年代，开采锰矿时也开采过一次铁矿。

重晶石矿　是玉屏侗族自治县最主要的矿产品。据勘测资料记载，总计储存量 1.5 亿吨，其中黑矿近 1 亿吨。黑矿分布在朝阳、大湾、丙溪村一带，东起银兆，西至朝阳，呈层状单斜延伸，系化学沉积矿床。矿层稳定，品质优良。硫酸钡含量一般在 95% 以上。大湾村内的重晶石矿矿产分布情况不详，未开采。

生物资源

植物资源　大湾村林地 482.85 公顷，森林覆盖率 75.58%，境内阔叶林占比 82.89%，其森林结构相对稳定，生物多样性较为丰富。其中，乔木林地 475.98 公顷，常见品种有松树、杉树、枫树、青冈、香椿树、臭椿树、油桐树、泡桐树等；竹林地 4.86 公顷，常见品种有水竹、金竹、楠竹、苦竹、箭竹等；灌木林地 2.01 公顷，常见树种有油茶树、黄荆条、刺梨、野樱桃。按森林类别划分，重点公益林 398.16

青树坳古树　（姚林屏　摄）

公顷，一般公益林 73.16 公顷，一般商品林 11.53 公顷。乔木林按起源划分，天然起源 332.19 公顷，人工起源 143.79 公顷；按优势树种划分，软阔类 400.24 公顷，杉木 58.19 公顷，马尾松 12.64 公顷，果树 4.91 公顷。

据 2019 年玉屏侗族自治县古树名木资源调查统计，大湾村有古树 11 棵。其中，树龄 300 年及以上的二级古树 1 棵，树龄 100 ~ 299 年的三级古树 10 棵。品种主要为枫香、青冈、樟，以枫香、青冈居多。

2019 年大湾村古树统计表

表 1

树名	分布点	估测树龄（年）	古树等级	树高（米）	胸围（厘米）	冠幅（米）	海拔（米）
枫香树	青树坳组	100	三级	16.5	155	10	680
枫香树	青树坳组	100	三级	8	160	10	680
樟树	青树坳组	110	三级	12	191	8	680
枫香树	油茶林组	120	三级	27	246	8	575
枫香树	油茶林组	150	三级	29	279	14	575
枫香树	老寨组	110	三级	33	293	15	570
枫香树	新寨组	120	三级	30	306	13	470
青冈	大湾组	200	三级	15	266	15	500
青冈	大湾组	300	二级	14	308	10	500
青冈	大湾组	150	三级	20	199	14	500
青冈	大湾组	120	三级	12	162	10	500

动物资源　境内分布野生脊椎动物 31 目 68 科 212 种。兽类有老虎（1962 年绝迹）、豹子（1962 年绝迹）、野猪、竹鼠、山羊、穿山甲、黄鼠狼、野猫、野兔等。鱼类 5 目 10 科 13 种，常见种类有鲇鱼、白条鱼、石斑鱼、鲫鱼、草鱼、鲤鱼等。两栖动物有 2 目 6 科 18 种，常见种类有团鱼、青蛙、水蛇。爬行动物 3 目 7 科 30 种，常见种类有眼镜王蛇、金环蛇、银环蛇、竹叶青等。鸟类 16 目 38 科 108 种，习见种类有老鹰、鹰隼、喜鹊、杜鹃、画眉、野鸡、竹鸡、秧鸡、小杜鹃、噪鹃、百灵鸟等。常见家禽类品种有鸡、鸭、鹅、鸽子，常见家畜类品种有猪、牛、羊、狗、兔。

自然灾害 主要地质灾害有泥石流、滑坡、地裂等。滑坡灾害主要发生在7—9月。气象灾害以旱灾、水灾、冰雹灾害、雪凝为常见。历史上旱灾发生概率较高，曾有连续三年干旱的情况。20世纪50—60年代，旱灾较为严重的年份有1959年、1960年，1961年灾害导致村民缺粮断炊。1966年出现的旱灾，时间长、面积广，导致水稻颗粒无收。近20年间，干旱严重的年份是2003年、2005年、2010年。其中2010年旱灾，全村9个村民组农作物受灾面积920余亩，450人、130头大牲畜饮水困难，干旱面积占田土面积80%以上。水灾主要发生在溪河沿岸的新寨、老寨等村民组。近20年间，有11年发生了洪涝灾害，其中较为严重的是1991年、1994年、1995年、1998年。最近的一次发生在2019年6月9日，因连日暴雨，导致溪水暴涨，溪沟沿岸农田被毁，受灾面极大。历史上雪凝灾害严重的有两次，一次发生于1977年冬天，持续半个多月；一次是2008年1月，受灾农户291户1102人，农作物受灾面积961亩，林木受损面积868公顷，水管冻坏489处，电线杆断裂21根，大牲畜冻死34头。近年来，冰雹灾害最严重的一次发生在2012年4月29日深夜，全村适时农作物受损严重，少数房屋被砸漏，输电线路中断。

*人口 民族

人口演变 1957 年 4 月 16 日，大湾高级农业社 133 户 704 人。

1961 年 12 月 30 日，全大队 9 个生产队 151 户，总人口 677 人，比 1957 年减少 27 人。减少原因是经济困难、粮食减产，群众生活困难，人口生育率下降。

1964 年，大湾大队 163 户 730 人。当年出生 12 人，其中男孩 7 人、女孩 5 人，出生率 16.43‰。当年死亡 5 人，其中男性 3 人、女性 2 人，人口死亡率 6.85‰。

1970 年 5 月 15 日，全大队 170 户 787 人。当年出生 10 人，其中男孩 6 人、女孩 4 人，出生率 12.7‰。当年死亡 4 人，其中男性 2 人、女性 2 人，人口死亡率 5.08‰。

1975 年 12 月 31 日，全大队 185 户 813 人。其中，新寨 20 户 99 人，老寨 11 户 51 人，团田 14 户 60 人，大田 27 户 98 人，大湾 31 户 108 人，龙田 22 户 98 人，铜鼓塘 20 户 92 人，青树坳 22 户 98 人，高丰 18 户 109 人。当年出生 12 人，人口出生率 14.76‰。死亡 6 人，人口死亡率 7.38‰。

1980 年，全大队 191 户 854 人，其中男性 452 人、女性 402 人。当年出生 10 人、死亡 6 人，迁入 1 人、迁出 7 人。

1986 年 12 月 29 日，资料统计，全大队 200 户 900 人。当年出生 19 人，其中男孩 13 人、女孩 6 人，人口出生率 21.1‰。当年死亡 12 人，其中男性 6 人、女性 6 人，人口死亡率 13.3‰，人口自然增长率 7.8‰。

1990 年 12 月 30 日，全村 219 户 933 人，人口自然增长率 8‰。

2001 年 4 月 4 日，全村总人口 983 人。当年出生 7 人，其中女孩 2 人、男孩 5 人，人口出生率 7.12‰。当年死亡 6 人，其中女性 3 人、男性 3 人，人口死亡率 6.1‰；人口自然增长率 1.02‰。

2008 年，全村户籍人口 1009 人，常住人口 693 人。当年出生 0 人，死亡 1 人。

2020 年底，全村 261 户，户籍人口 832 人。其中，0 ~ 17 岁 173 人，18 ~ 34 岁 174 人，35 ~ 59 岁 314 人，60 岁以上 171 人。

性别构成 1957 年，大湾高级农业社总人口中，男性 360 人，占总人口的 51.14%；女性 344 人，占总人口的 48.86%。男女性别比例为 105 ∶ 100。

1961 年，全大队总人口中，男性 351 人，占总人口的 51.85%；女性 326 人，占总人口的 48.15%。男女性别比例为 107 ∶ 100。

1964 年，全大队总人口中，男性 385 人，占总人口的 52.74%；女性 345 人，占总人口的 47.26%。男女性别比例为 112 ∶ 100。

1970 年，大全大队总人口中，男性 408 人，占总人口的 51.84%；女性 379 人，占总人口的 48.16%。男女性别比例为 108 ∶ 100。

1975 年，全大队总人口中，男性 449 人，占总人口的 55.23%；女性 364 人，占总人口的 44.77%。男女性别比例为 123 ∶ 100。

1980 年，全大队总人口中，男性 452 人，占总人口的 52.93%；女性 402 人，占总人口的 47.57%。男女性别比例为 112 ∶ 100。

1986 年，全大队总人口中，男性 492 人，占总人口的 54.67%；女性 408 人，占总人口的 45.33%。男女性别比例为 121 ∶ 100。

1990 年，全村总人口中，男性 536 人，占总人口的 57.45%；女性 397 人，占总人口的 42.55%。男女性别比例为 135 ∶ 100。

2020 年，全村户籍人口中，男性 480 人，占总人口的 57.69%；女性 352 人，占总人口的 42.31%。男女性别比例为 136 ∶ 100。

劳动力构成 1957 年，大湾高级社有劳动力 254 人，占总人口的 36.08%。男性 174 人，占总劳动力的 68.5%；女性 80 人，占总劳动力的 31.5%。有副代劳动力 93 人，其中男性 25 人、女性 68 人。非劳动力 357 人，其中男性 161 人、女性 196 人。

1961 年，大湾大队有劳动力 363 人，占总人口的 53.62%。

1970 年，大湾大队有劳动力 381 人，占总人口的 48.41%。其中，男性 208 人，占总劳动力的 54.59%；女性 173 人，占总劳动力的 45.41%。

1980 年，大湾大队有劳动力 415 人，占总人口的 48.59%。其中，男性 222 人，占总劳动力的 53.49%；女性 193 人，占总劳动力的 46.51%。

1990 年，大湾村有劳动力 652 人，占总人口的 69.88%。其中，男性 340 人，总劳动力的 52.15%；女性 312 人，占总劳动力的 47.85%。

2020 年，大湾村有劳动力 488 人，占总人口的 58.65%。在家务农 175 人，就近就业 211 人，外出务工 102 人。

民族构成 1964 年，大湾大队有汉族人口 669 人，侗族人口 61 人。

1982 年 1 月 20 日，贵州省人民政府发文件批复，同意玉屏县数万群众恢复侗族，大湾村 182 户 789 人恢复侗族民族成分。其中，杨姓 281 人、潘姓 203 人、吴姓 196 人、姚姓 63 人、李姓 33 人。从此以后，侗族成为大湾村人口最多的民族。

2020 年，全村有汉族人口 34 人、侗族 783 人、苗族 12 人、布依族 6 人。

姓氏源流

杨姓源流　大湾村杨氏分属两个支系。新寨杨氏属大龙镇南宁杨氏分祠。根据 1984 年编修的《杨氏族谱》记载，杨天应第二十三世后裔杨政仕长子杨通莲、次子杨通来由湖南省新晃侗族自治县凉伞镇黄历寨迁入大湾村新寨，后杨通莲迁出大湾村。杨通来一脉留住新寨，发展至今，历经十四世。老寨组杨氏脉属湖南省新晃侗族自治县凉伞分祠。后来大湾杨氏散居老寨、青树、铜鼓塘等村民组

潘姓源流　大湾村潘姓为湖南省新晃侗族自治县凉伞乡（现凉伞镇）冲首村潘赉后裔，明万历二十一年（1593），潘赉次子潘乔虎迁入思州府挖银溪立宅落业，距今 400 多年。乔虎公生 3 子，即潘政佐、潘政德、潘政帮。大湾村现有潘姓居民分属三个支系，即政佐支系、政德支系、政帮支系，三个支系的居民混杂居住在各个村民组。玉屏侗族自治县境内潘姓分三个字派，即铜仁老派、铜仁新派、铜仁派，大湾村潘姓系铜仁老派，字派排行为“子秀再仁文水木自大家瑞国光金玉绍化”17 个字。

吴姓源流　大湾村吴姓为湖南省新晃侗族自治县扶罗镇磨寨吴世万后裔。清乾隆十三年（1748）左右，吴世万十七世后裔吴秀禄从凉伞迁徙至大湾铜鼓塘定居，秀禄生四子，繁衍生息至今，有三房继世，发展到天字辈，历经 10 世 200 多年历史。据 1981 年大湾村吴姓族谱记载，吴姓字派共计 20 个，排行为“英映开先志，本宗继配天，文明朝国瑞，大作世家传”。大湾吴氏族谱载有《朱子治家格言》，借朱子修身养性之道管理家庭事务，教育子女勤俭持家，重义轻财，忠孝为本，从善如流。

潘姓聚居地铜鼓塘　（县住房和城乡建设局　提供）

《家训七言绝句》以诗词形式解读孝、悌、忠、信、礼、义、廉、耻，作为规范子女言行的标准。

刘姓源流　根据《刘氏族谱记载》，玉屏县刘姓由江西、湖南辗转迁移而至，都是汉高祖刘邦的后裔。大湾村刘氏一脉为沙水坪村刘之瑜后裔。清雍正四年（1726），沙水坪下寨刘晁、刘玉兄弟迁移至湖南新晃侗族自治县凉伞乡（现凉伞镇）梭溪村居住，刘玉生一子名刘善松。乾隆五十年（1785），刘善松去世，家遇火灾，其妻张氏携二子搬迁至大湾石榴坡（今铜鼓塘组）居住，为大湾村刘姓始祖，发展至今已 200 多年。

*村级组织

大湾党组织

组织机构　1956年10月，大湾村建立中共大湾村分支委员会，隶属中共丙溪乡支部委员会，分支委会有潘国升、潘甫先、吴本全3人，潘国升任分支委书记。

1958年6月，中共新店乡委员会下设中共大湾村分支委员会，分支委员会由潘甫先、姚茂彬、潘国隆3人组成，潘甫先任分支委副书记。10月，火箭（新店）人民公社成立中共火箭人民公社委员会，中共大湾村分支委员会改称中共大湾大队支部委员会。

1962年，中共大湾大队支部委员会隶属中共丙溪人民公社委员会，支委会由潘甫先、杨长汉、杨国相、姚源兴、刘元珍（女）5人组成，潘甫先任支部书记，杨长汉任支部副书记。

1966年5月，中共大湾大队支部委员会隶属中共丙溪人民公社委员会，支委会由潘甫先、杨长汉、杨国相、刘元珍、姚源兴5人组成，潘甫先任支部书记，杨长汉任支部副书记。

1970年，中共大湾大队支部委员会隶属中共新店人民公社委员会，支委会由吴本全、潘家锡、杨国相、杨长枝、刘元珍5人组成，吴本全任支部书记、潘家锡任支部副书记。

1973年4月，中共大湾大队支部委员会隶属中共新店人民公社委员会，支委会由吴本全、潘家锡、潘甫先、杨长枝、杨国相、刘元珍6人组成，吴本全任支部书记。

1974年，中共大湾大队支部委员会由潘家锡、潘国圣、杨长枝、杨国相、刘元珍5人组成，潘家锡任支部书记，潘国圣任支部副书记。

1976年10月，中共大湾大队支部委员会由潘家锡、潘国圣、杨长枝、杨国相、刘元珍5人组成，潘家锡任支部书记。

1977年10月，潘家锡任支部委员会书记，潘国圣任支部委员会副书记。

1978年5月，中共大湾大队支部委员会隶属于中共新店乡委员会，大队支委会由潘家锡、潘国圣、杨长枝、杨国相、刘元珍5人组成，潘家锡任支部书记，潘国圣任支部副书记。

1982 年 4 月，中共大湾大队支部委员会由杨长枝、潘国圣、潘家锡、杨国相、刘元珍 5 人组成，杨长枝任支部委员会书记、潘国圣任支部委员会副书记。

1984 年 1 月，中共大湾大队支部委员会由潘家跃、刘元珍、李茂堂 3 人组成，潘家跃任支部委员会书记。

1987 年 3 月，中共大湾大队支部委员会由潘家跃、杨长枝、吴本厚、潘国圣、李茂堂 5 人组成，潘家跃任支部委员会书记。

1991 年 4 月，中共大湾大队支部委员换届选举改选，由潘家锡、杨长伟、杨安全 3 人组成，潘家锡任支部委员会书记。

1995 年 3 月，中共大湾大队支部委员会由潘升富、杨长枝、杨国相、吴宗祥 4 人组成，潘升富任支部委员会书记。

1996 年 12 月，中共大湾大队支部委员会由潘升富、杨长枝、潘国圣、吴宗祥、杨荣香（女）、潘世银 6 人组成，潘升富任支部委员会书记。

1999 年，中共大湾大队支部委员会由姚敦林、杨长伟、吴春碧（女）3 人组成，姚敦林任支部委员会书记。

2001 年，中共大湾大队支部委员会由姚敦林、杨长伟、吴春碧、潘家锡 4 人组成，潘家锡任支部委员会书记，姚敦林任支部委员会副书记。

2002 年 6 月—2004 年 12 月，支委会由潘家锡、潘家跃、潘升休、杨再邦 4 人组成，潘家跃任支部委员会书记。

2005 年 1 月，中共大湾大队支部委员会由潘家锡、潘升休、杨昌炳 3 人组成，潘家锡任支部委员会书记，潘升休任支部委员会组织委员，杨昌炳任支部委员会宣传委员。

2013 年 11 月，中共大湾村支部委员会由潘升休、杨再帮、李茂华、潘世银 4 人组成，潘升休任支部委员会书记。2015 年，县委委派田鹏军任中共大湾村支部委员会第一书记。

2016 年 12 月，中共大湾村支部委员会隶属于新店镇委员会，支委会由潘升休、姚春梅、潘世银 3 人组成，潘升休任支部委员会书记，姚春梅任支部委员会组织委员，潘世银任支部委员会宣传委员。2017 年，潘升休担任雅鹿大湾联合党支部书记。2017 年 9 月，县委党的建设领导小组办公室下派科级干部担任深度贫困村党支部书记，由郑美妮任大湾村党支部书记。2018 年 11 月，县委组织批复调整张家明任大湾村党支部书记。

2021 年，中共大湾村支部委员会由潘升休、姚春梅、潘世银、张家明 4 人组成，张家明任支部委员会书记，潘升休任支部委员会副书记，姚春梅任支部委员会宣传委员，潘世银任支部委员会组织委员。2021 年 2 月，阮忠艾任支部委员会书记。

组织建设

1961 年，大湾大队党支部有中共党员 17 人，其中男性 16 人、女性 1 人。

1977 年 12 月，大湾大队党支部有中共党员 25 人，其中男性 23 人、女性 2 人。

1999 年 7 月，大湾村支部有中共党员 32 人，其中男性 30 人、女性 2 人。

2002 年，大湾村支部有中共党员 30 人，其中男性 28 人、女性 2 人。

2004 年，大湾村党支部开展保持党员先进性教育活动，有流动党员 10 人，其中女性 1 人。

2006 年，大湾村党支部潘家桃、杨胜忠成为正式党员。

2007 年，大湾村党支部有中共党员 30 人，申请入党 3 人，发展入党积极分子 2 人、发展对象 2 人。

2008 年 8 月，大湾村党支部有中共党员 29 人，其中男性 26 人、女性 3 人。

2010 年，大湾村党支部有中共党员 32 人，其中预备党员 2 人。

2015 年，根据县委统一工作部署，下派第一书记田鹏举到大湾，加强党建帮扶。

2017 年，江苏省苏州市太仓市璜泾镇雅鹿村对口帮扶大湾，挂牌成立雅鹿大湾联合党支部，以团队带团队，党员带党员的方式"联结共建"，安排 1 名干部挂任大湾村第一书记，帮助大湾进一步加强和改进新形势下基层党组织建设，提升党建工作水平，助推打赢脱贫攻坚战。

2020 年，大湾村党支部有中共党员 34 人（含预备党员 2 人），其中女性 8 人，下设 3 个党小组，即铜鼓塘龙田大湾党小组、新寨团田党小组、青树洞上大田党小组。

2020 年大湾村党支部党员一览表

表 2

姓名	性别	出生年月	入党时间	村民组
吴宗芝	女	1949 年 5 月	1964 年 2 月	大湾
杨长青	男	1947 年 12 月	1968 年 4 月	新寨
吴宗绪	男	1950 年 9 月	1970 年 8 月	铜鼓塘
吴宗祥	男	1944 年 1 月	1971 年 7 月	铜鼓塘
吴本兴	男	1938 年 7 月	1972 年 7 月	铜鼓塘
姚沅武	男	1949 年 8 月	1972 年 9 月	大湾
杨昌炳	男	1950 年 12 月	1973 年 6 月	洞上
杨长伟	男	1954 年 2 月	1974 年 3 月	新寨
潘国圣	男	1939 年 9 月	1975 年 5 月	大田
姚敦林	男	1958 年 4 月	1977 年 1 月	洞上
潘世银	男	1958 年 11 月	1978 年 1 月	大田
李茂堂	男	1954 年 10 月	1978 年 7 月	大田
杨安全	男	1956 年 5 月	1978 年 7 月	青树
杨荣燕	男	1967 年 12 月	1989 年 7 月	新寨
潘升休	男	1968 年 12 月	1992 年 6 月	龙田
吴春碧	女	1961 年 6 月	1994 年 4 月	老寨
杨再邦	男	1971 年 9 月	1996 年 7 月	新寨
庞　晔	男	1973 年 4 月	1996 年 8 月	团田
潘家桃	女	1948 年 10 月	2004 年 5 月	龙田
杨胜忠	男	1966 年 7 月	2004 年 7 月	洞上
杨长基	男	1963 年 4 月	2005 年 7 月	新寨
杨长建	男	1960 年 1 月	2008 年 6 月	新寨
姚春梅	女	1972 年 9 月	2008 年 7 月	新寨
吴家鲁	男	1987 年 6 月	2009 年 6 月	团田
李茂华	男	1971 年 10 月	2010 年 9 月	大田
姚伦妃	女	1976 年 5 月	2011 年 5 月	大湾
吴　琳	女	1968 年 12 月	2012 年 5 月	新寨
杨胜荣	男	1977 年 7 月	2012 年 5 月	洞上
潘世全	男	1990 年 7 月	2018 年 12 月	大湾
黄艳葵	女	1966 年 8 月	2019 年 11 月	新寨
姚　儆	男	1994 年 8 月	2020 年 6 月	团田
吴佳忆	女	1995 年 5 月	2020 年 6 月	铜鼓塘

续表 2

姓名	性别	出生年月	入党时间	村民组
吴宗罡	男	1972 年 10 月	2021 年 4 月	铜鼓塘
杨秀培	男	1987 年 10 月	2021 年 12 月	洞上

村民自治组织

村委会　1941 年，大湾、朝阳、铁家溪同属第五保，吴宗藩、姚本荣、杨巨洲先后任保长。

1949 年 11 月—1950 年 9 月，大湾村沿用保甲制。

1950 年 10 月，全县成立农民协会，取消保甲制度，废除保长、甲长。建立十六村，管辖朝阳、大湾 2 个自然村。刘永德、吴本全先后担任十六村村长。 十六村农民协会代行村长职责。

1951 年 6 月底，土地改革工作结束以后，十六村政务工作仍由村长负责。

1953 年，十六村开展农业生产互助合作运动，成立互助组。

1954 年，以互助组为基础，十六村成立初级农业生产合作社。

1955 年，撤销十六村，分建大湾村和朝阳村。

1956 年，大湾村成立高级农业生产合作社。

1958 年 10 月，大湾高级农业生产合作社改为大湾大队，辖新寨、团田、老寨、大田、大湾、龙田、铜鼓塘、高峰、青树 9 个生产队。

1981 年，大湾大队由 9 个生产队分为 21 个生产队，即新寨、再脚、团田、老寨、平地、大田、大湾、井湾、五家冲、李家湾、龙田、石坡、铜鼓塘、中寨、枞树坡、洞上、高峰、姚家、张家田、青树、半坡。

1984 年 1 月，大湾大队改称大湾村，各生产队改为生产合作社。大湾村辖新寨、团田、老寨、大田、大湾、龙田、铜鼓塘、洞上、青树 9 个生产合作社。

1990 年，根据《中华人民共和国村民委员会组织法》规定，大湾行政村改为大湾村民委员会，各生产合作社改称村民组，大湾村民委员会辖新寨、团田、老寨、大田、大湾、龙田、铜鼓塘、青树 8 个村民组。

2007 年 7 月，全县推行村党支部书记、村委会主任“一人兼”和村支“两委”成员交叉任职，村党支部和村委会由 3 ～ 5 人组成；村支书兼村委会主任 1 人，村支委兼村委会副主任 1 人，村委会副主任兼计生主任 1 人，另设不拿薪酬的村支“两委”成员 1 ~ 2 人。大湾村党支部书记潘家锡兼任村主任。

2018 年，根据 2018 年修改的《中华人民共和国村民委员会组织法》第十一条，村民委员会每届任期由三年改为五年，大湾村第十届村民委员会延期两年换届。

1990—2022 年大湾政务组织组成人员表

表 3

届次	年份	村主任	文书、副主任	村委委员
第一届	1990—1993	潘升富	杨长青	
第二届	1993—1995	潘升富	杨长青	
第三届	1995—1998	潘家跃		吴春碧（女）
第四届	1998—2001	潘家跃、杨长伟	杨政发	杨长伟、吴春碧
第五届	2001—2004	潘家锡		姚敦林
第六届	2004—2007	潘升休	杨胜忠	姚春梅
第七届	2007—2011	潘家锡	杨胜忠	
第八届	2011—2013	杨胜忠	姚春梅	
第九届	2013—2016	杨胜忠	姚春梅	
第十届	2016—2021	潘世全 杨秀培（2020 年 2 月任）	姚春梅	李茂华
第十一届	2021—	潘升休	杨秀培	吴佳忆

村务监督委员会　2004 年冬，大湾村召开村民代表大会，选举产生村务监督委员会、理财小组。当年，村务监督委员会对村级财务、村民互助筹金的管理使用情况进行清理和整顿。此后，村务监督委员将财务收支、救济粮款发放、人口与计划生育指标的完成情况作为村务监督的重点，督促村支“两委”每年进行公开。由于村务监督委员会成员没有经过培训，对村务监督委员会的职责、权限、工作程序不熟悉，也无劳动报酬，很长一段时间政务、村务公开工作流于形式，内容不具体。2011 年，根据修订后的《中华人民共和国村民委员会组织法》规定，大湾村再次选举产生村务监督委员会。之后，村务监督委员会作为村级常设机构，通过建立健全长效机制，提高村务监督委员会成员的待遇，加强业务培训，有组织、有步骤、有重点地开展监督工作。

村级事务　1949 年 11 月—1950 年 9 月，朝阳、大湾沿袭保甲制，保长带领村民贯彻落实新政府命令。

1950 年 10 月，十六村建立后，带领村民开展土地改革、捐献钱粮物资，支援抗美援朝，协助乡政府组织开展群众办学运动。农忙之余举办农民识字班，开展扫盲运动。

1953 年，十六村开展农业生产互助合作运动，从朝阳自然村到大湾自然村，普遍成立临时互助组。同年 3 月，十六村组建民兵分队，农村实行军事化管理。

1954 年，十六村以各自然村寨为单位，成立初级农业生产合作社。

1958—1961 年，全大队掀起农业生产“大跃进”运动，大力推进农田基本建设、植树造林，“大炼钢铁”。政治上，大力宣传农业生产合作化，走集体经济发展道路，批判单干思想。开展整顿党风、整顿团风，整顿初级社，纠正生产报酬分配不合理、瞒报粮食产量等问题。

1961—1965 年，大队开展“学习雷锋好榜样”活动，进行“以阶级斗争为纲”的社会主义教育运动。在农业生产方面，落实“三包一奖 、四固定”政策，即包产、包工、包投资，超产奖励，固定劳力、土地、耕畜、农具。

1966—1976 年，“文化大革命”时期，农业生产上，开展“农业学大寨”运动，屯田垦荒。

中共十一届三中全会以后，村级事务的重点转向以经济建设为中心。大队党支部、大队管委会落实党和国家改革开放政策，领导村民实行家庭联产承包责任制，积极开展多种经营，发展农业农村经济。

进入 21 世纪后，大湾村级政务工作开启新的局面。2000 年 2 月，中共新店乡委员会、新店乡人民政府评定大湾村为全面工作第三名，计划生育单项第一名。2002 年，落实税费改革政策，削减农业税，减轻农民负担。2004 年，中共玉屏侗族自治县委、玉屏侗族自治县人民政府授予大湾村铜鼓塘、龙田村民组 2003 年度文明村寨称号，全县仅 6 个村进入名单。2005 年，取消农业税和一切涉农收费项目，为农业和农村经济发展松绑。

2012 年后，大湾村实施脱贫攻坚，抓交通建设、公共配套设施建设，发展主导产业，实现农民增收致富。2018 年，大湾村摘掉贫困帽。

其他组织

农民协会　土改工作队进村后，立即成立农民协会，潘国帧为第一任农民协会主席。从 1950 年 10 月—1951 年 7 月底，农民协会代行村长职责，带领村民开展清匪、反霸、减租、退押、征粮、土地改革、捐献钱粮物资支援抗美援朝等工作。土地改革工作结束以后，村级事务工作仍由村长负责。农民协会一直保留至“文化大革命”时期。

民兵组织　民国时期，第五保（朝阳、大湾）设有国民自卫队。1943 年 7 月，五保自卫队编制 1 个班，有队员 13 人、步枪 12 支、马枝（大刀片）1 支、子弹 145 发。国民自卫队的职责是维护保、甲内社会治安，保障保公所的安全，协助保公所排除阻力，完成上级公派的征兵、征劳役、派款等各项任务。

1953 年 3 月，城关区人民武装委员会成立，十六村建立民兵分队。其职能是保卫胜利果实，巩固新生人民政权，维护农村社会治安。

1954 年，进行组织整顿，分基干民兵和普通民兵，将年满 18 ~ 25 岁、政治纯洁（贫下中农身份）、身体强壮的男女青年编入基干民兵。26 ~ 45 岁政治纯洁（贫下中农身份）、身体强壮的男女编入普通民兵。凡要求参加民兵组织的青年，须经本人申请，小队审查，分队批准。

1955 年，大湾与朝阳分治，单独组建民兵连。

1963 年，上级对民兵队伍进行清理整顿、调整编组。民兵工作主要是：结合国内形势，抓思想政治教育，整顿作风；开展军事训练，执行站岗、巡逻、放哨制度，维护村里社会治安；配合党支部、大队部开展阶级斗争，监督四类分子（地、富、反、坏）进行劳动改造，参加全大队农业生产活动。

90 年代后，村级民兵组织由村支部书记或村主任兼任民兵连长，民兵队伍基本由复退军人和 18 岁 ~ 35 岁青壮年组成，主要参与村内治安维护、应急救灾、工程建设。

工会委员会　2008 年 7 月 30 日，玉屏侗族自治县总工会批复大湾村第一届工会委员会选举结果报告，主席由潘家锡担任，副主席由杨胜忠担任，组织委员由杨昌炳担任，宣传委员由杨再邦担任，女工委员兼财务委员由姚春燕担任。

共青团大湾支部　1955 年 5 月，组建新民主主义青年团十六村支部委员会。1958 年 10 月，改称共产主义青年团大湾大队支部委员会。20 世纪 50—60 年代，团支部参与大生产运动、农业生产合作化运动等，共青团员是生产建设的主力军。70 年代初期，村团支部协助大队党支部、大队部宣传落实党和国家方针政策，抓革命、促生产。同时，联合大队妇女联合会组织成立文艺宣传队，编排表演文艺节目。90 年代初，村团支部遵照上级团委指示，组织青年团员开展以宣传社会主义制度优越性、党的基本路线、方针、政策、爱国主义、集体主义为主要内容的社会主义思想教育活动，筑牢马克思主义在农村的思想阵地，抵制西方资产阶级自由化思潮的侵蚀。同时，经常组织青年参加各种农业适用技术培训，发展以生猪、鸡、鸭、鹅养殖为主的庭院经济。21世纪初，村团支部以科学发展观为指导，以培养“四有”新人为首要任务，开展以爱国主义、集体主义、社会主义、民主法治意识、基础文明养成为主题的教育活动。村团支部响应团县委号召，组织青年开展劳动技能培训，提供就业信息服务，鼓励和支持打工青年回乡创业，带动乡村经济发展。

妇女代表委员会 1961年，大湾大队妇女代表委员会成立。1984年，大湾大队妇女代表委员会改称大湾村妇女代表委员会。1990年，吴青碧任妇女干部。

60—70年代，大队妇联配合大队党支部、大队管委会“抓革命，促生产”。大队妇联、团支部联合组建文化宣传队，通过编排表演文艺节目，向群众宣传党的路线、方针、政策。在“大力发展生猪生产”的号召下，妇女劳动力唱主角，全大队办10个养猪场（大队部1个，9个生产队各办1个）。1966年底，大队集体农场生猪存栏200头。1977年，在“生猪、粮食生产上纲要”的号召下，大湾大队饲养生猪931头。其中，集体饲养612头，农户家庭饲养319头，平均每户饲养4.9头。

20世纪80年代中后期至90年代，大队妇委会围绕“女性素质工程”“科技致富工程”“巾帼社区工程”“家庭文明工程”“双学双比”“巾帼建功”“五好文明家庭”四大工程三项主体活动，带领全村妇女参加改革开放和社会主义现代化建设，发挥“半边天”作用。在“双学双比”活动中，分批分期举办各种农业适用技术培训班，组织青、壮年妇女学习玉米肥球育苗技术，水稻规范化栽培技术、水果栽培技术和生猪、牛、羊养殖技术，涌现出一批创业致富的女能手、女标兵。

21世纪初，村妇女联合会组织妇女投身于经济建设、女性素质培养、巾帼建功、科技致富等活动。村里培养出一批致富女能人、劳动模范。

⁎村域经济

生产关系变革 大湾是典型的农业经济村。从清朝到民国时期一直沿用封建土地私有制形式，大部分土地被地主和富农占有。无地和少地的村民或者给地主当长工或短工，或者向地主租借土地耕种，生产收入的半数以上要交给地主，约1/3的收入归自己所有。

土地改革 1951年5月20日玉屏县开始土地改革，大湾是第一批12个行政村试点村之一。县土改工作队进入大湾开展工作，于1951年5月21日开始，至6月28日结束，历时40天。以《中华人民共和国土地改革法》等相关法律法规为依据，采取分步骤、按程序的方法，划分村民阶级成分，评定田土产量。根据政策，没收地主的土地、耕牛、农具，征收富农出租土地，按照“照顾原佃，方便生产”的原则，进行土地分配。全村划出地主成分3户、富农4户、中农42户、贫下中农80户。每户都获得了分配的土地，少部分农户分得了耕牛和农具。全村耕地面积648亩。土改工作结束后，农民生产积极性很高。但因多数农户没有耕牛，生产工具很少，没有能力扩大生产规模。

生产互助组 1953年，为了发展生产，村民积极响应中共中央“关于农业生产互助合作的决议”的号召，以自然村寨为单位，开始组织农业生产互助组。本着“自觉自愿、平等互利、等价交换”的原则，将耕牛、农具、劳动力、土地等集中起来，实行换工，解决单家独户生产过程中难以克服的困难。这样的互助合作形式主要针对农忙季节，称为临时互助组；农闲时，村民还是单独生产。1954年初，在县、乡两级政府引领下，大湾开始组建常年互助组，帮助群众解决生产中遇到的各种困难和问题。通过整顿，互助组不断巩固和发展，当年全村基本实现农业生产互助合作。

初级社和高级社 1955年，大湾大队成立初级农业生产合作社，耕牛、大农具折价入社。村民按土地、大农具和劳力入社分红。1956年，大湾大队成立高级农业生产合作社。1957年，入社农户133户，入社总人口704人，有社员433人、非社员231人。有劳动力254人，副代劳动力93人。入社耕牛215头，其中水牛2头、黄牛213头，能耕种的大牛129头，不能耕种的小牛86头。入社农具有山犁112架、水犁 111 架、山耙 59 架、水耙 46 架、滚子耙 3 架、玉米机 3 台、钉耙 54 把、铲锄 358 把、挖锄 340 把、晒席 139 床、箩筐 532 担、戽桶 86 架。

“三包一奖四固定” 1961 年，大湾大队贯彻中央关于人民公社“三级所有，队为基础”、“三包一奖（包产、包工、包投资，超产奖励）、四固定（固定劳力、土地、耕畜、农具）”政策，全大队推行大包干试点，老百姓称之为“大包干运动”。当年，粮食总产量 162122 公斤。

家庭联产承包责任制 1984 年 3 月，大湾大队推行家庭联产承包责任制，田土下放到农户，全大队 190 户按农村户籍人口承包土地。从此，农民生产积极性空前高涨，1986 年，全大队粮食总产量 190965 公斤。

耕地变化 大湾村山多地少。1951 年 5 月，土改工作结束后，大湾自然村有耕地面积 648 亩。1957 年，大湾高级社有耕地面积 648.5 亩，其中水田面积 438 亩、旱地面积 210.5 亩。1961 年，全大队有耕地面积 714 亩，其中水田面积 436 亩、旱地面积 278 亩。1966 年，大湾大队有耕地面积 876 亩，其中水田面积 400 亩、旱地面积 476 亩，社员自留地 97.75 亩。集体耕地比 1957 年增加 227.5 亩，增加原因是“农业学大寨”运动中，大量开垦荒地，荒山变梯田。1975 年，全大队有耕地面积 847 亩，其中水田面积 377 亩、旱地面积 470 亩，集体土地 740 亩、社员自留地 107 亩。耕地面积比 1966 年减少 29 亩，减少原因是新开垦的田土不能保证水源，再度撂荒。1980 年，全大队实有耕地面积 847 亩。

2002 年，大湾村有耕地面积 817 亩，其中水田面积 377 亩、旱地面积 440 亩。耕地比 1990 年减少 30 亩，减少原因主要是退耕还林和水打沙压。2020 年，全村有耕地面积 958.2 亩，其中水田面积 364.2 亩、旱地面积 594 亩。

种植业 大湾是典型农业村，传统农业经济以种植业为主，养殖业为辅。大湾成立高级农业生产合作社之前，农业生产由农户自行安排。成立高级农业社之后，县、乡（公社）人民政府每年下达任务指标，大队根据县、乡两级下达的任务具体分配到各个生产队。由于生产资料和劳动力高度集中，粮食产量比解放初期大幅度提高。

粮食种植 从土地改革到第一轮土地承包到户，粮食品种有水稻、小麦、玉米、洋芋、红薯、高粱、小麦、大麦、燕麦。1975 年，全大队粮食播种面积 1239 亩（复种），其中夏粮播种 431 亩、秋粮播种面积 808 亩。粮食总产量 137760 公斤，其中水稻产量 85440 公斤、玉米产量 5340 公斤、红薯产量 17220 公斤、小麦产量 6780 公斤、春洋芋产量 1220 公斤、小季杂粮（高粱、小米）产量 3360 公斤。

2001 年，大湾村实行玉米肥球育苗，图为新店乡农技人员查看育苗　　（截图《玉屏报》）

通过多年生产实践证明，受当地气候影响，高粱、小米和麦类在大湾产量较低，土地承包到户以后，逐渐淡出田野。1986 年，大湾村粮食播种面积 1562 亩（复种）。其中，夏粮播种面积 470 亩，秋粮播种面积 1092 亩。当年粮食总产量 19.097 万公斤。进入 20 世纪 90 年代后，打工潮兴起，村里大多数精壮劳力外出务工，耕地撂荒，粮食产量减少。1990 年，全村粮食播种面积 710 亩，其中水稻播种面积 360 亩，玉米播种面积 320 亩，杂粮播种面积 30 亩。粮食总产量 10.84 万公斤。

经济作物种植　20 世纪 60—70 年代，大湾经济作物种类以花生、油菜、蔬菜为主，有少量葵花。80 年代初，部分农户开始种植少量烟叶。1977 年，全大队油料作物播种面积 99 亩，其中花生播种面积 9 亩，总产量 6650 公斤；油菜籽播种面积 90 亩，总产量 1800 公斤。蔬菜播种面积 46.9 亩，总产量 3050 公斤。1980 年，全大队油菜播种面积 123 亩，总产量 2940 公斤。烟叶种植 10 亩，产量 600 公斤。蔬菜种植 47 亩，总产量 3075 公斤。2004 年，在帮扶单位引导和支持下，全村种植经果林 300 多亩，其中梨树 200 亩、桃树 12 亩。由于村里缺少精壮劳动力，科学管理跟不上，经果林发展没有形成规模，经济收入没有达到预期效果。

养殖业　大湾村养殖业分畜禽养殖和水产养殖两类。畜禽养殖是大湾村传统养殖业，畜禽种类以猪、牛、羊、鸡、鸭、鹅为主，禽类养殖少有统计。从土地改

大湾村民采收红薯　　（杨　锋　摄）

革至土地承包到户的30多年间，牛作为辅助劳动力，一直是大队、生产队的保护对象，不允许宰杀，也不列入肉类产品产量。实际上，养殖业局限于生猪、山羊、马、骡子。20世纪90年代，发展市场经济以后，县、乡两级人民政府对农业生产管理政策放开，政府职能由计划管理向引导服务型转变，农村养殖业和种植业没有准确的统计数据。

2006年，大湾有水产养殖户4户，家庭养鸡7户，山羊养殖92户。2012年，实施脱贫攻坚后，各级政府大力支持村民返乡创业，并为部分村民提供牛、羊、猪等种苗。

2015年，大田组李茂华响应号召，在村中溪边养殖石蛙，新店镇人民政府赠送种苗500只，2年后出产石蛙1.5万只。2015年11月，大湾村姚伦妃成立玉屏县大湾志兴种养殖农民专业合作社，养殖跑山鸡，覆盖大湾村78户贫困户，按照“127模式（盈利的10%用于下批跑山鸡产业运营、20%用于集体经济、70%用于贫困户分红）”带动跑山鸡产业发展，2017年养殖规模过万只。2017年，潘世伟以2万元一年的价格承包大湾村活动室旁的鱼塘，养殖鲫鱼、鲤鱼、草鱼、鲈鱼等，做起以垂钓为主的特色乡村养殖。2018年，村民杨秀培成立玉屏县绿水养殖农民专业合作社，在大湾村洞上组付家冲承包300余亩山林，修建养殖场发展七彩跑山鸡养殖业，当年 3 月从广州购进七彩跑山鸡幼仔 4000 只。是年，李茂华携手妻子，从河南购买大白鹅 1000 只，发展禽类养殖。

2020 年，大湾村民仍有养殖猪、羊、鸡等，养殖规模大的多对外出售，养殖数量少的多为自给自足。

生猪　1950—2020 年，生猪养殖出现 3 次高潮，第一次高潮是 20 世纪 50 年代中后期，农户在“大力发展生猪生产”的号召下，生产积极性空前高涨。“文化大革命”初期，生猪养殖出现第二次高潮。1966 年末，全大队集体农场生猪存栏 200 头（税后），其中新寨组 23 头、团田 18 头、老寨 5 头、大田 28 头、大湾 19 头、龙田 24 头、铜鼓塘 22 头、洞上 29 头、青树 32 头。1967 年，农户家庭年末生猪存栏 463 头（税后）。其中，新寨组 46 头、团田 27 头、老寨 38 头、大田 58 头、大湾 64 头、龙田 60 头、铜鼓塘 50 头、洞上 66 头、青树 54 头。1977 年，在“生猪、粮食生产上纲要”的号召下，全大队生猪养殖出现第三次高潮。当年，大湾大队饲养生猪 931 头。其中，集体饲养 612 头、农户家庭饲养 319 头，平均每户饲养 4.9 头。1980 年，全大队生猪出栏 160 头，猪肉产量 11520 公斤；向国家交售任务 103 头 6900 公斤。1986 年末，全大队生猪存栏 1052 头。其中，能繁母猪 200 头，当年产仔 1200 头。1990 年末，生猪出栏 540 头。

1999 年，玉屏侗族自治县在朝阳村、大湾村、清水塘村、田坪村、庆寨村建立 5 个瘦肉型杂交仔猪生产基地，推广“检三食、过三点”仔猪时期断奶、提早补饲技术，强化母猪的饲养管理，以杜洛克种公猪为终端父本开展三元杂交，提高母猪品种质量。

2000 年，大湾村养仔猪户数 243 户，母猪存栏 231 头，户均 0.95 头，配种 332 头次，产仔 307 窝，产活仔猪 2978 头。2020 年，因环境保护政策、劳动力外出务工等因素影响，已无规模养殖户，在村中长期居住约有 40 户人家还在散养生猪，每户养 2 ~ 5 头。

黄牛　牛类主要品种为黄牛。1966 年，全大队饲养牛 199 头。其中，从事农业生产的 90 头、能繁母牛 40 头、牛犊 69 头。1975 年，全大队牛存栏 250 头。其中，从事农业生产的 145 头，当年出生牛犊 28 头。1980 年，集体牛存栏 230 头。其中，从事农业生产的 132 头、能繁母牛 30 头、未成年小牛 68 头，当年出生牛犊 20 头。1986 年末，牛存栏 278 头。其中，能繁母牛 160 头，当年产仔 20 头。1990 年末，耕牛存栏 325 头，出栏 10 头。2020 年，全村有养牛户 11 户，以养殖肉牛为主，其中最少养殖 1 头，最多者养殖 9 头。

山羊　以山区农户个体小规模饲养为主，目的多为上市交易，贴补生产生活开支，很少宰杀食用。1967 年底，全大队山羊存栏 194 只。其中，新寨组 18 只、团田 25 只、老寨 6 只、大田 23 只、大湾 23 只、龙田 35 只、铜鼓塘 15 只、洞上 24 只、青树 25 只。1977 年末，全大队山羊存栏 175 只。1990 年末，山羊存栏 157 只，出栏 70 只。2020 年，山羊存栏 20 只。

马、骡　20 世纪 80 年代以前，作为运载工具。1967 年，全大队有骡子 76 头，新寨组 12 头、团田 5 头、老寨 1 头、大田 7 头、大湾 11 头、龙田 10 头、铜鼓塘 9 头、洞上 7 头、青树 14 头。1980 年，全大队有马匹 17 头。其中，母马 3 头，当年出生马驹 1 头。进入 90 年代后，随着公路的修建和硬化，机动车逐渐代替马匹和骡子，到 2020 年村中少有人养殖马和骡子。

进入市场经济时期以后，县、乡两级人民政府对农业生产管理政策放开，政府职能由计划管理向引导服务型转变，农村养殖业和种植业没有准确的统计数据。

大湾村村民养殖的山羊　　（来源于微玉屏）

副业经营 农闲时候，擅长手工工艺的农民凭借一技之长从事第二职业，赚取现金贴补家庭生产、生活需要，少数村民放弃农业生产专门从事副业经营。计划经济时期，大湾村民从事的副业主要有三类，一类是木工，解放初期全村有 8 人，以修建木房、安装板墙、制作木椅、衣柜、板凳、木甑、锅盖等家具为主，年收入 300 ~ 400 元；一类是缝衣工，全村有 5 人，以缝制衣被为主，年均收入 100 元左右；另一类是油料加工，以加工制作茶油、菜油为主，全村有 4 人，年均收入 125 元左右。1957 年，农业生产合作化进入高级社阶段，高级社将副业经营分成 3 个组，即木匠组、缝衣组、油料加工组，每组分别向社队缴纳副业收入，以副业收入抵工分，照样享受粮食分成。木匠组每年向社队缴纳副业收入 604.8 元，缝衣组每年缴纳副业收入 499.20 元，油料加工组每年向社队缴纳副业收入 500 元。1964 年，丙溪人民公社统计，大湾大队从事副业经营的集体手工作坊 2 个，其中榨油坊 1 个、碾坊 1 个，从业人员 13 人，年经济收入 2140 元。有各类工匠 8 人，年经济收入 1640 元，副业总收入 3780 元。

20 世纪 90 年代，从事副业经营的农户多数进县城搞起单干，除以上三类行业外，还有米粉加工、运输、建筑等多种行业。率先进城发展副业的农户率先脱贫致富。

农业税费征缴 社会主义建设时期的农民上交国税都是积极和自愿的。在丰收的年份，村民不但要交农业税，还向政府销售三超粮（贸易粮）。1961 年，全大队粮食总产量 16.212 万公斤，完成上交公粮任务。

“四五”计划期间，从 1971 年开始，农业税任务执行一定五年不变政策。是年，全大队粮食总产量 26.399 万公斤，完成上缴农业税（正税、附加税合计）任务，税率占集体农业常年产量的 7.76%。同时，每年完成国家贸易粮征购任务 3.9 万公斤。“五五”计划期间，从 1976 年开始，农业税任务依旧执行一定五年不变政策，税收任务在“四五”计划的基础上作适当调整。1976—1980 年，大湾大队五年平均常年产量 20.52 万公斤，农业税任务 1.59 万公斤，税率占常年产量的 7.8%。

2002 年 4 月，中共玉屏侗族自治县委、县人民政府遵照中共中央、国务院、中共贵州省委、省人民政府关于加快农村税费改革的重要指示精神，在全县农村推行税费改革，减轻农民负担，主要内容是“三取消、两调整、一改革”。“三取消”为取消乡统筹费，取消屠宰税，取消统一规定的劳动积累和义务工。“两调整”为调整农业税政策，调整农业特产税政策。“一改革”即改革村提留征收使用办法。税费改革前农民税费负担以 2001 年为例，每个承包人口需承担农业税、统筹费计 39.5 元 / 年。税费改革后，每个承包人口应承担农业税、统筹费 33.08 元 / 年，人均减负 6.42 元。

2005 年 8 月，玉屏侗族自治县被列为贵州省农业税费改革 10 个试点县之一，开始全面取消农业税和一切涉农收费项目，大湾村民不再缴纳公余粮。到 2006 年，村民人均年收入 1620 元，其中粮食收入 440 元、养殖业及副业收入 1180 元。

林业生产 从 20 世纪 50 年代开始，林业生产被列入年度农业生产计划的重要项目，大湾大队每年上报植树造林、林产品产量等林业生产各项指标完成情况。1975 年，全大队植树造林 8200 株，出产桐油籽 4740 公斤，采伐林木 20 立方米。1977 年，全大队植树造林 5000 株，出产桐油 15480 公斤，采伐林木 25 立方米。1980 年，全大队林果产量 2880 公斤。其中，梨子 480 公斤、桃子 1140 公斤、李子 1260 公斤，出产桐油 8700 公斤。1990 年，大湾大队植树造林 50 亩，封山育林 100 亩。1999 年，县林业局联建大湾村，无偿为大湾村青树、洞上组嫁接大板栗 1200 余株近 20 亩。

2020 年 3 月，大湾村民搬运紫薇树　　（来源于玉屏侗族自治县人民政府网）

大湾村民种植紫薇树苗　　（来源于玉屏侗族自治县人民政府网）

2002 年前后，大湾村实施楠竹造林工程，种植楠竹。2022 年 3 月，大湾村从老寨村引栽紫薇树 4.5 万株，种植在大湾村公路沿线及荒山。2020 年 12 月，大湾村有林地面积 482.85 公顷，森林覆盖率 75.58%。

侗寨建设

从玉屏解放到21世纪80年代初，大湾村建设进展缓慢，村容村貌变化不大。从80年代后期开始，大湾村建设速度加快。1988年，全村照明用电进村入户。1995年，通村公路接通。21世纪初，县交通运输局在大湾村实施小康路建设工程，提级改造通村公路。实施脱贫攻坚以后，全村主干道变柏油路，通组路、连户路全部硬化。

＊村寨建设

交通运输

公路建设　1994年之前，大湾村不通公路。1995年，丙大（丙溪—大湾）公路修通，结束了大湾村民肩挑背驮的历史。进入21世纪后，县、乡两级人民政府不断增加资金投入，提级改造农村公路，尤其是脱贫攻坚阶段，大湾村实施农村小康路建设工程，公路交通状况明显改善。2020年底，全村有通村公路3条，通组路、连户路实现8个村民组全覆盖，硬化率100%。

丙大公路，即丙溪村至大湾村公路。1995年，玉屏银林公司投资47万元，修通丙溪至两叉溪段公路，大湾村民自己出资，自发组织修通两叉溪到大湾村新寨组公路，1997年竣工，全程砂石路面，路长6.96公里，宽7米。2017年，县交通运输局对该路段提级改造，铺设沥青，为国家部颁标准四级县道。

大朝公路，即大湾村至朝阳村公路。2013年，大湾争取“一事一议”财政奖补资金217.42万元，新建朝阳村至大湾村通村公路，全程水泥路面。2017年，投入资

丙大公路新寨路段　　（姚林屏　摄）

青树坳通组公路 （杨 锋 摄）

金 300 余万元，对路面进行提级改造，在原有出村路的基础上进行路面加宽并铺设沥青。

大冲公路，即大湾村至湖南省新晃侗族自治县凉伞镇冲首村公路。20 世纪 90 年代，铜鼓塘村民自发组织，投工投劳，修通铜鼓塘至湖南省新晃侗族自治县凉伞镇冲首村公路，全程 1 公里，为砂石路面。2018 年，大湾村委会利用扶贫整合资金硬化路面。

脱贫攻坚以前，村中的道路多为鹅卵石铺砌而成的“花街路”，宽 1 米左右，路面平而不滑。2004 年，县交通运输局投资 10 余万元，修通大湾村委会至铜鼓塘 4.5 公里长的通组公路。脱贫攻坚期间，县交通运输局以“交通进村入户、助推精准脱贫”为统揽，以实现 30 户以上村民组“组组通硬化路”为目标，加快补齐农村基础设施短板，全力推进“组组通”建设。2013 年，在硬化朝阳村至大湾村通村公路的同时，对大湾村部分通组路、联户路进行硬化。除此之外，还修建了洞上至大湾组 9.2 公里的产业路。2014—2020 年，县交通运输局向大湾村投入资金 110 余万元硬化连户路 85 条，所有村组主干道通柏油路。

出行和运输 过去，村民出行以步行为主，去一趟县城要翻过两座山，来回要走 8 个多小时。如需出行则肩背行囊装干粮、衣褂，背雨伞；也有富裕人家坐轿，骑马或驴。村内一切生产生活用品及货物运输均靠肩挑人抬、骡马驮运。1997 年后，出村公路修建完成，开始使用木轮包铁皮的独轮车和兽力拉车运输，出行仍以步行为主。2000 年以后，摩托车、自行车逐渐成了村民们的代步工具，拖拉机、三轮车、机动三轮车、卡车成了村民家庭的运输工具。随着外出务工人员增多，村民收入增加，部分富裕村民购买私家车，截至 2020 年，大湾有各类摩托车 126 辆、小汽车 79 辆、卡车 2 辆。

水利建设

山塘　2001 年初，县水利电力局技术人员到大湾村调查研究水利设施建设。调查组认为大湾村受地形条件限制，耕地大多数分布在山顶或半山腰，修建提水站引水上山，初步测算扬程最低 80 米，营运成本太高，提水工程未实现。

2017 年 9 月，大湾山塘建成，位于大田组，大湾溪流交汇处。由玉屏县朝阳投资有限公司出资 291.28 万元，新店镇人民政府开展征地工作，县水务局组织建设，贵州聚龙项目投资咨询有限公司设计，为浆砌石重力坝。集雨面积 3.2 平方千米，上游设计洪水位 494.36 米，上游校核洪水 494.65 米，正常蓄水位 493 米，由主坝和

大湾山塘　（姚祖告　摄）

副坝组成。主坝坝顶高程 494.7 米，主坝最大坝高 12.7 米，主坝坝顶长度 38.5 米。副坝坝顶高程 497.7 米，副坝最大坝高 10 米，副坝坝顶长度 33.2 米。山塘修建后，既能补充下游枯水季节灌溉用水，又可促进大湾旅游业、水产养殖业发展。

人畜饮水工程　2001 年，县水利电力局资助 10 吨水泥，修建排栏山沟、积水池、小水窖等小型水利工程。

2010 年，县民宗局资助资金 4 万元，村民自筹 1380 元，新店乡水利站组织受益群众投工投劳，修建铜鼓塘村民组自来水工程，解决 23 户 115 人及 150 头大小牲畜饮水困难问题。

2011—2013 年，铜仁市委组织部结对帮扶大湾村，支持修建大湾、老寨、新寨 3 个村民组人畜饮水工程。依照每家每户不同的情况，对自来水管道进行改造与新建，并统筹专项资金修建蓄水池 5 个，更换自来水管 3.6 公里。

2017 年，为解决青树组、铜鼓塘组、龙田组季节性缺水的问题，通过县水务局批准专项资金，在青树组新建 40 立方米蓄水池 1 个，修复铜鼓塘组、龙田组旧水池 1 个，全村更换老旧水管 5.1 公里，保障村民正常供水。

用电　1966—1976 年，为解决农田灌溉和农村照明用电，玉屏县革命委员会（县政府）发动群众修建水轮泵。1970 年，大湾社员在大队支部书记潘国圣带领下，销售木材，筹集资金，购买 30 千伏变压器 2 台，聘请工程师为技术员，利用水轮发电，解决全村短期需求照明电。1985 年，新店电站建设完工以后，大湾村拉通电线线路，解决全村村民长期生产生活安全用电需求。2017 年，大湾村开始进行电网提级改造，将老化、有安全隐患的线路进行全部更换与重新布局，进一步解决全村生产生活用电需求和用电安全问题。

通信　大湾村以前因交通不便，距镇政府驻地较远，又无程控电话，村民要与外界联系需到十多公里外狸狮坪村的三家桥组打电话，十分不便。2003 年 3 月，中国移动玉屏分公司投资 87 万元、县供电局投资 3 万元，修建朝阳村移动通信塔，信号覆盖朝阳村、大湾村、丙溪村，同年 5 月投入使用，结束了大湾无手机信号的历史。脱贫攻坚期间，大湾村新建移动通信塔，对网络进行改造升级，建成后实现手机通 4G 信号。2020 年，全村实现移动、电信信号和 4G 网络全覆盖。

*公共文化设施

文化活动广场　位于村活动室前，由两块广场构成，是集文化活动、运动健身、休闲娱乐、团队活动于一体的综合文化活动场所，兼具停车场功能。主要的活动场地是村卫生室前的广场，面积约300平方米。早期仅有卫生室前的一片水泥地，2016年拆除老卫生室后扩大。2017年，新建戏台，将原大湾小学的土地征用，统一铺设地砖，设篮球场，周边种植绿植，靠近通村公路的边上设置公示栏、礼耻文化宣传牌。2018年，建新活动室时，将周边的空地铺设地砖，新增一块广场，活动室右前方置乒乓球台、健身设施，右方筑围墙展示脱贫攻坚成果。

大湾村文化活动广场　　（姚林屏　摄）

村活动室　20世纪60年代至70年代，大湾在原保公所办公。保公所位于现村卫生室处。三开间木房，青瓦顶，中间连通，边上建有戏台。2006年，在原址上建活动室，二层砖混结构，80 平方米，顶盖青瓦，人字形屋顶，一层有办公室 3 间，二层有办公室 2 间、会议室 1 间，带卫生间。2007 年，对活动室进行维修，将二楼西边的两间办公室改为会议室。2014 年，拆除活动室进行扩建，建筑面积 120 平方米，二层砖混结构，每层 4 间，从中间楼梯上二层。2017 年，在办公楼旁 100 余米处，原大湾小学地址上新建办公楼，建筑面积 200 余平方米，投入资金 180 余万元，2018 年建成投入使用。办公楼为两层“U”字形楼房，木质结构，青瓦“人”字形屋顶，三面外环走廊式。共 12 间，一层 7 间，中间为办公室，两侧有楼梯，楼梯下设卫生间；二层 5 间，二层居中三间打通为会议室，其余房间为驻村人员住所。

戏台 也称戏楼，是大湾村演唱侗歌和观看表演的场所。20 世纪 70 年代左右，在村办公楼一层，搭建有木质的戏台，因新建办公楼拆除。大湾村现有戏台 1 座，位于村办公楼与村卫生室之间，与文化活动广场构成了大湾的文化娱乐中心。于 2017 年修建，投资 8 万元。楼台离地高约 0.6 米，前敞后封。结构造型与民居类似，以杉木为原材料，采用榫接穿斗建成，由中间戏台和两边阁楼组成。戏台为歇山式四面倒水屋顶，中间戏台为两层重檐，两边阁楼均为单屋，翼角高翘。中间台面开

2017 年，建成的大湾戏台 （姚林屏 摄）

阔，长 8 米、深 6 米，后壁两侧各有一幅图案，图中身着侗族服饰的男女，或抱乐器表演，或翩翩起舞，使戏楼内显出一种侗乡民族风情。两侧阁楼是演员候场和存放乐器的地方，长 6 米、宽 2 米，留有后门和角门，供演员出入使用，前方设有窗户，用于通风和采光。戏台两侧设有板式楼梯，各 4 步台阶，可从外部上台。戏台上方，三块圆形簸箕高悬，内书红色大字“大湾村”。

戏台全木结构，建筑典雅。逢年过节，寨子里的男女老少身穿盛装，云集于戏台前，唱侗歌看表演。2018 年 2 月，在建成的戏台上举行第一场活动，开展以“体验民俗体育活动 · 展示醉美侗寨魅力”为主题的民俗活动迎新春。

学校 旧址在大湾组，教学楼为二层木房，两个大开间。后搬入新寨组，修建教学楼一幢，一楼一底，建筑面积 100 余平方米，砖混结构，每层有教室 2 间，配有厨房和操场。2015 年，大湾小学停办。2017 年，教学楼拆除，在教学楼原址上修建村活动室。

农家书屋 2014 年，大湾在村活动室利用一间办公室设立农家书屋，后随活动室搬迁。现设立在村活动室二层左侧厢房，面积 10 余平方米，有书架两个、阅览桌椅一套。书籍 4400 余册，分生活类、科技类、文化类、少儿类、政治类等。书屋内悬挂《农家书屋读者须知》《农家书屋管理制度》。

农家书屋 （姚林屏 摄）

＊脱贫攻坚

识别与退出

贫困户识别　2014年，对全村贫困人口进行识别，识别标准主要看是否符合“一达标、两不愁、三保障”标准，一是识别年度家庭人均纯收入是否低于国家扶贫标准；二是识别农户家庭是否能正常吃饭；三是识别农户家庭是否不愁穿衣，有换洗的衣服；四是义务教育是否有保障，是否有学上、上得起学、不辍学；五是基本医疗是否有保障，是否有地方看病、方便看病、看得起病；六是住房安全是否有保障。识别步骤为农户申请→村级初审并入户调查→村民代表大会评议并公示（纠错）→乡镇核查并公示（纠错）→县级审核并公告（纠错）后批复→签字确认→录入系统。

2014年，全村农村户籍人口933人。全村有建档立卡户78户267人，贫困发生率28%。致贫原因主要为缺资金、因病、因学、因残、缺劳动力。

2016年，再次对全村贫困户进行精准识别，按照不错（漏）统一户、不错（漏）报一人的目标，清退“四有人员”（有轿车、有工商营业执照、有商品房、有财政供养人员）。

2018年底，全村有建档立卡户78户268人。

2019年底，全村有建档立卡户77户262人。第二季度减少1户1人。年度自然增加2人、自然减少8人。

2020年10月，全村有建档立卡户77户259人。

贫困户退出　按照《贵州省扶贫对象精准识别和脱贫退出程序管理暂行办法》，贫困户脱贫退出标准为以户为单位，该户年人均可支配收入稳定超过国家扶贫标准，不愁吃、不愁穿，义务教育、基本医疗、住房安全有保障。精准扶贫“四看法”综合评估分数值在60分以上（含60分）的，通过退出程序审批后认定为脱贫。按照“三评议两公示”程序退出贫困户，即贫困户主动申请、村民组评议、村民代表大会评议、村级公示、乡镇政府评议、乡镇公示、县级扶贫部门批准。大湾通过发展生产脱贫一批、易地搬迁脱贫一批、生态补偿脱贫一批、发展教育脱贫一批、社会保障兜底一批，逐步实现村民脱贫。在实施脱贫“摘帽”后，政府按照“摘帽不摘责任，摘帽不摘政策，摘帽不摘帮扶，摘帽不摘监管”的方式进行持续扶持，确保贫困户脱得出、稳得住、可致富，防止出现返贫现象，切实做好贫困户退出后的监管和巩固提升工作。

2015 年，全村脱贫 1 户 6 人。

2016 年，全村脱贫 3 户 18 人。

2017 年，大湾出现贫困户主动申请脱贫“摘帽”的热潮，脱贫 65 户 217 人。

2018 年 10 月 17 日，国务院公布全国 85 个脱贫摘帽贫困县，玉屏侗族自治县位列其中，大湾整村脱贫出列。

2019 年，大湾加大贫困户帮扶力度，因户制定实施脱贫措施，年度脱贫 8 户 25 人，无剩余贫困户。

帮扶队伍

脱贫攻坚实施后，玉屏侗族自治县坚持因村制宜，精准选派帮扶队伍。按照县脱贫攻坚总指挥部的安排部署，大湾村明确县级领导包村、县直部门包组、帮扶责任人包户的帮扶措施。因是新店唯一的深度贫困村，2017 年，新店镇党委委员、副书记、政法委书记直接担任村党支部书记，加强驻村工作力量。

联系县领导　主要职责是带领联建部门、村支“两委”、驻村工作队谋划村级发展，帮扶村民脱贫致富。2013 年，大湾村联系县领导是县委常委、县委宣传部部长陈丽玲。2014 年，联系县领导调整为县人大常委会主任张运祥。2017 年是脱贫攻坚的关键时期，联系县领导调整为 2 人，分别是县委副书记杨宏和县委常委、县政府副县长黄桔梅。2019 年，因杨宏工作调动，联系县领导调整为县委常委、政法委书记毛权民和县委常委、县政府副县长黄桔梅。2020 年，联系县领导减少 1 人，县委常委、县政府副县长黄桔梅不再联系。

联建部门　主要职责是与驻村工作队、村支“两委”一起，帮助大湾发展和脱贫。2013 年，由县委宣传部联建大湾。从 2014 年开始，联建部门增加到 3 个，调整为省气象局、县统计局、中国人民银行玉屏支行。2020 年，根据工作需要，联建部门增加到 4 个，增加县水务局。

驻村工作队　主要由联建部门和新店选派人员组成。2015 年，增加了驻村第一书记，驻村工作队队长由第一书记兼任，2017 后由下派党支部书记兼任。2018 年，大湾正处于脱贫攻坚的冲刺阶段，从各单位抽调人员加大驻村工作队力量，在原有基础上，大湾每个村民组配备包保干部 2 人。

2013—2020 年大湾村驻村工作队人员一览表

表 4

年度	队长	第一书记	队员
2013	杨永彦		姚伦强、龙君政、吴波
2014	杨通礼		徐超、舒兴国、黄明舒、刘泽俊、潘世军、彭茂根
2015	肖兴发	肖兴发	吴祥华、刘泽俊、黄明舒、潘世军
2016	田鹏举	田鹏举	杨政著、陈昌盛、刘泽俊
2017	郑美妮	胡兴炜	姚本德、刘泽俊、李青
2018	郑美妮	胡兴炜	姚本德、姚儆、李青、潘世军、潘世全、张成、范红英、姚茂刚、饶俊峰、龙燕、吴祥华、龙江南、吴祥伟、姚沅伟、吴清、杨政著、汪波、郁秀学、杨琴、刘泽俊
2019	胡兴炜	胡兴炜	张运涛、姚本德、姚儆、张家明、潘仕全、潘世军、潘世全
2020	杨星星	杨星星	张运涛、陈金朝、姚儆、张家明、潘仕全、潘世军、潘世全

注：表由县委组织部提供

培训与就业

技能培训　在职业技能培训方面，大湾村全力开展农村劳动力全员培训行动，培训课程本着“需要什么、培训什么，缺什么、补什么”的原则，根据贫困群众的实际需求量身定制，发挥培训立竿见影的功效。2019 年，选派养殖大户 3 户，赴苏州参加贫困村致富带头人培训，提升村民自我发展能力。2016—2020 年，大湾村组织劳动力 120 人次分别参加县扶贫办、县农牧科技局、县就业局主办的技能培训班 20 期。

就业帮扶　大湾村加大劳动力信息排查，充分利用玉屏搭建的就业服务平台，鼓励有条件的村民外出就业或就近务工，帮助落实各项就业创业惠民政策，带动村中劳动力稳岗就业和创业就业。探索发展集体经济，打造垂钓、餐饮、酿酒等系列服务产业，带动劳动力就业。加大易地扶贫搬迁后续扶持工作，宣传“微工厂”、东西部扶贫就业信息，增强搬迁群众的自我“造血”能力，让搬迁群众真正实现“搬得出、稳得住、有事做、能致富”。2017—2020年，通过驻村工作队联系和协调，县、乡两级人民政府为大湾村安排公益性岗位30个，解决无业人员就业30人。其中，护林员8人、保洁员8人、护路员11人、河道员2人、调解员1人。2020年，根据新冠疫情防控需要，设村级消杀员1人。护林员、河道员岗位年均纯收入9600元，保洁员、护路员岗位年均纯收入6000元，调解员岗位年均纯收入3600元。全村实现1户至少有1人就业。

产业发展

特色产业　大湾村是全县重要的民族文化旅游资源之一，利用其民族特色等优势，发展精品民宿、酿酒、养殖、休闲垂钓4项特色产业。精品民宿是由东西部协作项目资金投入350万元，以当地独特的自然环境、民族文化、独特的建筑为依托而发展的民俗体验产业，坐落于青树组，于2020年建设完工。以酿酒为主的“雅鹿酒坊”是由结对共建村雅鹿村出资10万元，大湾村支“两委”负责具体实施的产业帮扶项目，坐落于大田组，于2019年9月投入运营，实现米酒年产量2500公斤。七彩跑山鸡养殖由东西部协作项目资金投入30万元，在洞上组养殖七彩跑山鸡，年出栏10000羽。休闲垂钓中心是利用扶贫专项资金修建的侗族风情休闲垂钓中心，总投资150余万元，坐落在大田组，借助水塘的优势，结合当地良好的气候环境发展休闲垂钓中心，于2018年6月全面竣工，申请上级专项资金引进鱼苗5000余公斤，自运营后获利10余万元。

产业帮扶　大湾村中主要有“10113”产业和农村小水电2个产业帮扶项目。“10113”产业项目是新店镇依托县级政策，成立玉屏侗族自治县新店镇农夫康农业开发有限公司，由市级基金为建档立卡户每户出资4万元，入股玉屏侗族自治县新店镇农夫康农业开发有限公司，2016年及之后脱贫的贫困户获得“10头生猪、一千棒食用菌棒、一亩黄桃”的股份，每户连续三年分红3040元。农村小水电项目总投资5276万元，其中中央资金1902万元、省级补助资金240万元，由玉屏渝玉水电开发有限公司代为运作。公司需每年5月底前缴存（中央和省级投资收益的6.2%）132.8万元到县政府指定账户，用于玉屏扶持建档立卡户和贫困村基础设施等公益事业建设。2017年，全村77户贫困户参与，获得分红资金64915元。

金融帮扶

“精扶贷” 2016 年开始实施，是专门为农村贫困农户提供的信贷产品，对无经营能力、无发展项目的贫困户，鼓励以自愿入股公司的方式按年分红入股金，贫困农户在不承担经营风险的前提下，每户每年可获得入股分红 4000 元。即由建档立卡户申请 5 万元贷款，入股龙头企业，村集体和贫困户按年度保底分红，每户每年保底分红 4000 元，解决 1 人就业；村集体根据入股户数，每户每年保底分红 100 元；3 年“精扶贷”期满后由企业负责偿还本金。入股分红分 3 年发放，2016 年下半年首次发放入股分红，每户 3 年共发放 1.2 万元。大湾村发放“精扶贷”贷款 385 万元，受惠建档立卡户 77 户，共发放分红资金 92.4 万元。

“小康贷” 2017 年开始实施，对象为大湾 2015 年的脱贫户，仅有 1 户。脱贫户每户按年度分红 3000 元，村集体根据入股户数，每户每年保底分红 1000 元，3 年“小康贷”期满后由企业负责偿还本金。

“三保障”

教育 大湾村加强义务教育阶段控辍保学，建立走访台账。全面实施学前教育和义务教育营养午餐工程，实现各学段的农村在读学生资助全覆盖，基本实现免费教育。一是国家补助金，高中、中职（一、二年级）的学生可获得补助 2000 元 / 年。二是省教育资助，高中生资助 1900 元 / 年、中职生资助 1900 元 / 年、专科（高职）生资助 4500 元 / 年、本科生资助 4830 元 / 年。三是市、县教育资助，学前儿童资助 600 元 / 年、小学资助 600 元 / 年、初中生资助 1000 元 / 年、高中生资助 3000 元 / 年、中职生资助 3500 元 / 年、本科（专科、高职）生资助 3700 元 / 年。四是应届高中毕业生当年考取二本以上补助 4000 元。

2019—2020 学年度，大湾村享受教育资助学生 46 人，其中，困难大学生 4 人，中职、高中困难生 4 人，义务教育困难生 31 人，学前困难儿童 7 人。

医疗保障 大湾村建档立卡户享受免交部分个人参保资金、免费健康体检、实行“先看病、后付费”一站式服务政策，通过整合新农合基本医疗保险、大病保险、医疗救助（民政医疗救助和计生医疗救助）、医疗扶助等政策，依次符合医疗保障政策报销后，确保建档立卡贫困人口在基本医疗保险定点医疗机构住院费用实际补偿比例达到 90%。建档立卡贫困人口因患省级慢性病的，医疗费用通过新农合基本医疗保险、大病保险、医疗救助补偿，并经基本医保目录外药品费用扶助后，自费医疗费用仍然较高的，进行专项医疗扶助，确保其年度自付费用在县级以下（含县级）公立医疗机构不超过1000元、市级公立医院不超过3000元、省级公立医院不超过5000元。按照网络格式化分片包干、统一管理的模式，对建档立卡户患者全面开展一对一精准家庭医生签约服务实现全覆盖。家庭医生服务团队为县中医院临床医生王成、镇卫生院临床医生彭进和护士钱芳明、乡村医生杨再邦。村活动室及卫生室已规范化建设并投入使用，方便群众就地就近看病就医。全村办理慢性病卡4人，其中2018年办理慢性病卡3人，2019年办理1人，均为高血压病种。

住房保障　大湾村通过实施“四改一维一化”、农村危房改造和易地扶贫搬迁工程，让农村群众住房有保障。2000年，县农业局在大湾村投入资金18万元，推广使用新能源小沼气，改厕99户，建立沼气池99口，推广率近50%。一年后，全村基本实现沼气全覆盖。2014年，进入脱贫攻坚阶段，以改水、改厕、改灶、改圈、房前屋后硬化为核心，因户施策，实施“四改一维一化”按照实际实施项目补助，改善村民人居环境。

2017—2019年，大湾村危房改造13户，其中贫困户10户、非贫困户3户，D级3户、C级10户。到2020年7月，全村无危房。村中有农户危旧、破烂、闲置、废弃等建筑物的，可对其拆除后进行复垦复绿，按正房200元／平方米、附属房100元／平方米的标准给予拆除复垦补助。建档立卡户移民搬迁建房补助2万元／人（同步搬迁非建档立卡户建房补助1.2万元／人），宅基地复垦补助0.3万元／人，拆除旧房的奖励1.5万元／人。2020年，大湾村有易地扶贫搬迁户54户232人，其中2016年搬迁35户157人，2017年搬迁13户52人，2019年搬迁6户23人。搬迁户中搬迁至丙溪安置点14户68人，火车站片区沪昆高速旁安置点20户83人，平溪街道康华花园安置点1户6人，皂角坪街道新区安置点19户75人。

* 人居环境提升

2005 年，大湾村实施新农村建设，通过危房改造、房屋立面改造等，村容村貌有很大改善。大湾村拆除和清理乱搭乱建建筑、破旧房屋和猪牛圈，依法依规进行农村住房管理，有效提升村整体环境。将环境卫生持续写入村规民约，持续加大环境保护宣传力度，形成环境保护利益共同体，不断引导和树立爱护环境的群众意识。2016 年起，经过农村环境综合整治项目实施、“四改一维一化”工程实施以及“五员”

优美、干净的大湾村　　（姚林屏　摄）

的常态化管理，大湾实现道路硬化、村庄绿化、民居美化、堰塘净化，村民群众的生产生活条件显著改善。

农村环境综合整治 2016年，市生态环保局玉屏分局组织实施朝阳村、大湾村传统村落农村环境综合整治项目，在大湾村投资140万元，于2019年通过竣工验收。新建生活污水收集及处置，一体化MBR生物反应器生活污水处理系统1座，用于处置大湾村区域生活污水，排水主管900米，排水支管1300米，入户收集管1600米，户用化粪池40座，收集池8座，检查井10座。实施生活垃圾处置工程，封闭式移动垃圾收集箱8座，可移动式户外公用垃圾箱20个，固定式双桶公用垃圾桶10个，垃圾清运车1辆。实施饮用水源地保护工程，水源保护图形标1块，洗菜池、洗衣池各1座，排水明渠50米，排水明沟15米，防洪挡墙140米，硬化场地20平方米，清理河沟90米。完善的污水收集、垃圾清运措施及饮水设施，极大改善了大湾村周围水环境质量、村庄环境卫生。

2016年，玉屏侗族自治县创新推行“户分类＋村收集＋乡转运＋县处理”的垃圾收运联动处理模式，大湾村在村内重要道路、交叉路口、村民集中居住点等区域设回收垃圾桶，村民和保洁员将垃圾分类倒进垃圾桶（箱），由专门的运送车将垃圾运送至转运站，提升大湾人居环境质量。村内开展以农村垃圾、污水治理和村容村貌提升为主攻方向的环境整治，建立环境责任制，确保环境卫生保护人人参与。2020年11月，《玉屏侗族自治县乡村生活垃圾和生活污水治理条例》实施，将治理成果转化为全县人民的共同意志和行为规范，为大湾村环境保护工作提供法治保障。同年，全村生活垃圾有效治理率达到100%，污水处理率达60%以上。

“四改一维一化”工程实施 “四改一维一化”即改水、改灶、改厕、改圈，室内和房屋维修以及房前屋后地面硬化。2017—2018年，玉屏侗族自治县实施“四改一维一化”，农村民居改水、改灶、改厕、改圈应改尽改，通村、通组、联户路硬化全覆盖，实施乡村绿化、亮化、净化、美化工程，改善农村人居环境。大湾村根据上级政策，实施“四改一维一化”。经统计，大湾实施改水171户，改厕145个、改灶114.5个、改圈32个，房屋维修226户、房前屋后硬化176户，庭院绿化40户，贴窗户纸、生活用电线路改造及房屋喷漆基本覆盖全村所有农户，总投入资金639万元。

2017 ~ 2018 年大湾村“四改一维一化”情况一览表

表 5

改造项目		大田组	大湾组	老寨组	团田组	龙田组	洞上组	青树组	铜鼓塘组
改厕	数量（个）	14	16	11	10	23	12	19	21
	金额（元）	101368.35	114775.95	72876.55	53028.4	170744.25	91337.6	110884.45	164623.5
改灶	数量（个）	12	14.5	15	9	2	8	19	17
	金额（元）	29000	32175	35177.6	21500	50500	19000	42500	42500
改圈	面积（平方米）	1	4	5	2	14		3	1
	金额（元）	9000	21694. 55	33810	1334. 1	104192. 1		25524	6824
改水 / 改电	数量（个）	17	22	15	12	18	12	25	24
	金额（元）	24500	33385	22780	18104	28050	18000	37500	36410
房屋维修	数量（户）	25	31	16	21	27	23	30	25
	金额（元）	236405.15	229030.1	120304.3	215600.33	303211.73	192825.66	319569.07	274310.23
院落硬化	面积（平方米）	4121.06	1951.25	1152.94	1137.67	5068.06	6101.83	5130.06	3278.9
	金额（元）	247263.6	117075	69176.4	68260.2	304083.6	366109.8	307803.6	196734
其他	数量（个）	7	17	1	6	5	7	15	14
	金额（元）	35528.4	60235	6791	237614.09	23206	26196.6	65199.3	60762.7

“五员”岗位设立　“五员”，即护林员、护路员、河道员、保洁员、调解员。2017 年开始，大湾村依据玉屏侗族自治县开设“五员”岗位的政策，以村组为单位，主要聘请建档立卡户担任“五员”，按区域定人定岗定责，负责管理维护村内基础设施和公共环境卫生，引导村民“自我管理、自我服务”，推动大湾村人居环境管理规范化、常态化、长效化。2020 年，大湾村有护林员 8 人、护路员 11 人、河道员 2 人、保洁员 8 人、调解员 1 人。

老旧危房拆除　2017 年下半年，经统计、丈量、排查，大湾村有影响村寨整体形象和无人居住的老旧危房 24 栋，并逐步对其进行拆除。

文物胜迹

大湾村落形成时间较晚，地理位置相对偏远，与交通条件优越的其他村落相比，开发利用程度相对滞后，没有光彩夺目的风景名胜。但有许多让人流连忘返的自然人文景观，如躲避土匪、战患的民囤遗址，20 世纪 50 年代的采矿遗址，充满侗族特色的干栏式民居建筑群等，是全县有名的侗族村落。

*遗址遗迹

采矿遗址 大湾村采矿遗址有两处，分别是“银”矿遗址和锰铁矿遗址，主要开采铅锌矿、铁矿、锰矿。两处矿址是大湾村20世纪50年代采矿历程的见证，也是大湾人努力奋斗的历史缩影。

“银”矿遗址 “银”矿实为铅锌矿，因色泽相似，村民将铅锌矿误认为银矿，所以当地称为“银”矿，选址所在地为银厂沟，因此而得名。银厂沟位于大湾村东北部青树组，地处尖峰梁东面山脚，从青树组沿一条小路下行可达。矿址坐标为北纬27°11′1″，东经108°54′34″。据《玉屏侗族自治县志》记载，1958年县工业部门组织开挖矿洞6个，主洞（长60～70米）1个。现存矿洞4个，洞口朝东，形似拱门，由南向北呈弧形排列。南边洞口宽1.62米，高1.6米，常年有地下水流出，水淹过矿洞地面。向北10米为第二个矿洞，洞口宽1.6米，高1.2米，位置略高于南边洞口，被矿渣堵住一半出口。向北4米为第三个矿洞，与第二个矿洞在同一水平面，洞口宽1.61米，高1.9米，洞内干燥。北面洞口距第三个矿洞50米，洞口宽1.65米，高1.5米，位置低于前三个矿洞，有少量地下水流出。洞内矿道较多，下、前、左、右方向均有矿道。矿洞口外有100余平方米矿渣平台，矿渣沿山沟往下方向堆放，最远可达百米。

锰铁矿遗址 位于大湾村新寨组乜（当地村民读niè，意相互靠着，连在一起）溪坡东面，接近山顶处。1958年，由姚茂斌带领村民开采铁矿，人力运输至两叉溪，用土法炼制生铁50余吨，开采一年左右。随后在铁矿原址开采锰矿，原矿石经人力运输至新店镇狸狮坪村三家桥，通过水路外销，销路不详。由于资源枯竭，不久该矿址结束开采。矿洞小而浅，在后期的农业生产过程中被泥土填埋。现存矿洞三个，其中一个洞道向下延伸，较长，另外二个较小。

“银”矿矿洞（杨 婧 摄）

囤 大多建于离村寨较近、地势险要、易守难攻的山顶，四周用大小不等的岩石砌成围墙，是村民避难、抵御外来力量侵袭的场所。大湾村有尖峰梁囤、狮子岩囤，修建时间不详，曾是明清时期躲避兵患、民国时期躲避匪患的场所。老一辈的大湾村民有过“坐囤”的经历，“坐囤”即短暂居住在囤内，始于清朝，沿至民国，止于中华人民共和国成立。因囤失去躲灾避祸的功能，多年来未曾维护，有颓败之象。

狮子岩囤　建于大湾村与朝阳村交界的狮子岩山峰上，是周边最大的囤，地处北纬 27°8'7"，东经 108°53'33"。囤呈圆形，直径 37.4 米。从外至内由石墙、战壕、环形平台、圆形平台组成，四者呈同心圆排列。保存较好，可见整圈石墙，部分岩石风化裂开。石墙依山而建，宽 0.7 米，东、北两面地势险峻，外墙高 1 米左右，南面、西面山势较缓，外墙高 1 米至 2.2 米。南面、西南面石墙上设有对外射击用的枪洞和炮洞，洞口距地面 0.2 ～ 0.5 米，离石墙上端 0.5 ～ 0.8 米，两洞相距 1.4 ～ 2.5 米。洞口由内至外向下倾斜呈漏斗状，修建时据岩石大小确定洞口形状、大小，多为矩形。枪洞宽 0.17 ～ 0.28 米，高 0.12 ～ 0.25 米。炮洞略大，宽 0.25 米左右，高 0.38 米左右。东南、北、东各有倒 U 形入口，入口宽 1.7 米，东南方和北方入口两侧建有 2.5 米的防护墙。囤内环石墙修战壕，战壕上宽 2 米左右，深 1.4 米左右。由战壕往内是半径 6.7 米的环形平台，包围着净高 2 米、半径 10 米的圆

狮子岩囤围墙外围　（吴　娅　摄）

尖峰梁远景 （杨 锋 摄）

形平台。

尖峰梁囤 位于大湾村青树组尖峰梁山顶上，地处北纬 27°14'41"，东经 108°50'4"。坐北朝南，由上往下呈梯田排列，共 9 层。囤北据峭壁天险而守，囤南砌石墙而防。囤顶形似不规则橄榄状，东高西略低，南北宽 5 米，东西长 6.7 米，面积约 15 平方米。第二层由东经北向西环囤顶半周，第三至第九层由东经南向西环山而下，面积逐渐增大，每层宽 1.2 ~ 3 米。第九层可见部分石墙，岩石风化严重，内有宽约 2 米的战壕。尖峰梁囤曾是烽火点，与朝阳村尖坡囤互为“通信点”。

水井 水井是自然村寨必备的饮水取水点。大湾村早期大部分村民每家都有水井，也有相邻几户共用一口水井。由于较高的森林覆盖率和独特的地质地貌，大湾村的井水多为裂缝水。井水不断从井底涌出，水源充足，可满足周边村民日常生活用水需求。泉水清甜润喉，自带甜味，村民称之“沙水”。最早的井壁、井沿用一块块光亮的石头堆砌而成，有的还修有井盖，形成“鸽笼井”。21 世纪后，用水泥对水井进行改造，铺成干净卫生的水泥水井。

水井是大湾村传统用水来源，有的被圈入村民院内，有的被慢慢废弃。实施人畜饮水工程后，出水量大、地势较高的水井被改造成储水池，安装引水管道，把自来水接入村民家中，水井不再是必不可少的生活设施。现大湾村还留存有两口完好的水井，即铜鼓塘水井和两叉溪水井。它们或因其具有的传奇故事，或由于其独特的地理位置而被留存下来。

铜鼓塘水井　位于铜鼓塘组，潘家桃房屋后阳沟，铜鼓塘海拔较高，位于铜鼓的水井水质较好，清凉味美。水井出水量大，曾是铜鼓塘组重要的生活取水点。井身原为石板，2017 年 7 月 20 日由县政府出资修缮，用石块和水泥改建，井口用水泥粉饰。水井之上原为吊脚楼，现用石头和水泥砌成堡坎，水井嵌入堡坎底部。水井周边建满房屋，只能穿过潘家桃家中方可到达，成为潘家桃户“专属”水井。水井似鸽笼形，井高约 1 米，宽 1.2 米。井口整体呈长方形，向上微拱。井内有两步台阶，井水较深，肉眼难以窥视井底。井口上沿刻有红色“卫生水井”四字，下标修缮时间，两侧字迹已模糊，大致记述了修缮水井的相关情况。由于水井存在的时间久远，村民不知何时修建，仅有老一辈口口相传“以锅堵水”的水井故事，赋予铜鼓塘水井神秘而传奇的色彩。

两叉溪水井　位于丙溪至大湾公路右侧。据村民回忆，最开始水井较小，离路较远，后经新寨组村民两次翻修，改为如今的水泥结构。井口呈倒立的盾牌形，高 0.6 米，宽 1 米。井顶由两块水泥板搭成“人”字形，用于遮挡泥沙和树叶。从井口水平向山内延伸 3 米，将井水从出水口引出，既方便取水，又能储存。井口两侧有“八”字形拦泥堡坎，地面水泥硬化形成取水平台。此处水井不是村民的生活水源，主要是方便行人解渴。人字井顶上留有挂钩，用于悬挂水瓢。井水来自两侧高山形成的裂缝水，

铜鼓塘水井　（吴　娅　摄）

两叉溪水井　（吴　娅　摄）

水量大，旱季也有清泉流出。井水清凉甘甜，周边村民多在此背水回家饮用，县城中居民也会开车到此取水作为饮用水。

土地庙 大湾村部分村民会在家门口设土地庙，造型较为简单。以两块石头为壁，一块为顶，即可成小型土地庙，也有简单以水泥或砖块砌成的。在新寨组、青树组、铜鼓塘组各有一座土地庙，由村民组共同修建，庙宇比较大，均在路旁的大树下。新寨土地庙最大，青树土地庙其次，铜鼓塘土地庙最小。

潘家祯户门楼土地庙

（吴 娅 摄）

新寨土地庙 位于新寨组，在通往青树组与侗韵园公路之间的小山脚下，紧邻路边，从侗韵园新店作坊旁有水泥小路可达。土地庙整体为长方形，坐北朝南，背靠大山，面向岔路口，前方有几十年树龄的麻栎树。庙为砖混结构，白色墙体，长 4 米、宽 3 米、高 3 米。庙顶为两面倒水，青瓦盖顶。庙梁 6 根，主梁前有 2 根，后有 3 根，庙顶前高后低。有开放式庙门，拱形，宽 1.8 米、高 2 米。庙内有高、宽均为 0.6 米的供台，中间供奉牛角，下设香炉。庙前水泥平台上有一块小平地，背靠路边，与土地庙相对。

青树土地庙 位于青树组坳场旁边，两条岔路口旁。坐北朝南，背山而坐，面向公路。土地庙整体呈正方形，长宽均约 0.8 米、高 1 米。庙内供奉土地。庙身为砖混结构，庙顶为两面倒水，红瓦盖顶。左边有大树，右侧立有水泥碑记。碑记高 0.8 米、宽 0.6 米，记录了庙的由来、两次修建的时间、修建人员。碑记字迹模糊，刻于底部的人名不清，大致内容如下：

碑 记

我们地方的风俗情况确保神灵保佑地方要安全康宁，所以我们上（座）庙是从新寨挖银溪于民国 28 年分支到青树存在，“文化大革命”期间被毁灭，2007 年重修。

铜鼓塘土地庙 位于通往铜鼓塘组的公路左侧，公路转弯形成的凸起小土堆

新寨土地庙　　（姚茂成　摄）

上。庙身较小，结构较为简单。庙整体呈正方体，长宽各约 0.5 米，庙顶高 0.6 米。由砖砌成主体框架，两块砖竖立为门。庙顶上盖青瓦，“人”字形。庙旁有大树两棵，枝叶繁茂。

苕窖　位于村庄内部，是村民必不可少存储物品的地窖。口径一般为 1 米 ×1 米，深度为 2 米左右，利用土的热惰性而建成，一般是土底下挖个圆形或方形的洞或坑，做好防水、防潮和通风等安全措施。各户苕窖的位置不同，由村民根据自家房屋周边的用地情况而定，或建于屋内，或修于房屋周边。用于冬至储藏红薯、生姜、洋芋等食物过冬，因储藏红薯的为多，故当地村民常称之为“苕窖”。存储的红薯、生姜、洋芋可以作为来年春播的种子。

＊侗寨民居

干栏式民居群 大湾村至今保存着传统民居188栋，均为干栏式民居，形成大湾干栏式民居群，其中有一般不可移动的文物1处（杨国木民居）。2017年后，陆续新建经营性民居9栋。其中，青树组云宿4栋、大田组侗韵园5栋。大湾村每个村民组均有传统民居，新寨组、青树组、铜鼓塘组较为集中。民居建筑时间较早的可追溯至清朝，如铜鼓塘组潘家桃户、潘升休户民居均建于清朝末期，保存完好，至今仍在使用，其余民居多修建于1950年以后，1970—1980年建的多，民居较为高大。1990年以后，新建传统民居较少。

大湾村自然村落多位于山脚、山腰，是典型的山麓型与山脊型相结合的村落，民居呈现为大散居、小集聚的空间分布形式。村落整体格局没有经过特意规划，均

隐于山间的民居　　（姚林屏　摄）

根据侗家民居的选址习惯、山形地势等条件修建。传统民居保留了侗族建筑的特色，多依山而居，建筑巧妙地与地势相结合，创造出更多的使用空间，手法独具匠心。群山环抱，绿树成荫，大湾民居充分利用地形，层层叠加，错落别致。

大湾传统民居为木质主体框架，木板封装墙体，小青瓦房顶，俗称“青瓦房”。大湾村传统民居均为“人”字形屋顶，两面倒水，正屋多为三开间并列。年代久远的民居逐渐变为黑色，每隔几年，刷桐油保养，防潮防腐防虫。民居靠山而建，随山就势，灵活多变，大多坐北朝南，依具体地势各有不同。建房材料多就近取材于山间杉树，防虫防腐防潮效果好。正房前两侧或一侧建吊脚楼，中间为院坝，合院结构大多没有院墙，只是通过台地、正房、厢房构成自然界线。

民居布局 侗族民居大多为穿斗式干栏木楼，村民基本上维持干栏木楼的功能习俗。正屋居中的一间为中堂，俗称堂屋，是整个开间最大的一间，通常为正方形，堂屋不铺设地楼板，其正壁中间设供奉神位和祖先的神龛，供议事、祭祀、待客之用。堂屋面壁内缩一柱形成“吞口”，称之堂屋门口，大小由房子柱、瓜数量而定，七柱七瓜以上的大房可摆两张餐桌，一般用来休息、乘凉、待客和办理婚丧事宜，有些可在两侧设门，作为进出左右开间的通道。堂屋后间屋叫弄堂，长方形，面积较小，通常内置火铺，火塘中架放铁三脚架，是四季烩膳和冬天取暖的地方。堂屋左右开间为住房，从中隔断为两间，也有因弄堂较窄而将火铺设在开间的，一般铺有地楼板防尘保暖，楼板上的空间多作为粮仓，也有放绣架作为绣房的。二层楼的民居布局，与一层楼差不多，多出的二楼多为谷仓和房间。

在正屋两头依托正屋墙体，搭建偏厦，一头做伙房，一头为牲畜圈，由偏厦加梯上二楼。若屋后有空间，可借正屋墙体搭建拖檐，用于圈养牲畜或堆放杂物。人口较多的人家，在正屋前配厢房，可住人也可置物。若厢房基面坡度较大，建成的厢房部分悬空，形成吊脚楼，楼下可堆柴置物。通常厢房与正屋之间有一条过道，是院落与外界沟通的通道。

大湾的建房有“前怕牛栏后怕仓”的讲究，认为屋前有圈不吉利，屋后有仓不安宁，一般将猪、牛栏设在正屋两侧，仓储建于屋前一侧或正屋阁楼。

民居样式 从民居构成来看，大湾的传统民居均有三开间正屋，根据宅基地情况，可在正屋两侧配高度略低的专廒，可在正屋两侧或房后配偏厦，还可在正屋前左右两边配与正屋垂直的厢房。大湾民居多配单边偏厦或厢房，整个民居呈“一”字形或“L”形。少数人口较多、经济条件较好的村民，左右两侧均有厢房，构成“U”字形民居。由于宅基地限制基本没有“口”字形民居。

从屋顶前后对称来看，大湾村的民居可分为抬头屋、伞形屋，以抬头屋居多。伞形屋瓦顶平面前后长度相同，水步（水步即相邻檩条间的距离）数量一样，前后檐口高度一致，从侧面看，形状如撑开的伞，伞形屋因此得名。伞形屋内结构一致，大小相同，整齐大方，为人们所喜爱。抬头屋瓦顶水步前少于后，顶面长度前小于后，前檐口高后檐口矮，形似一张巨型虎口，也叫虎口屋。传说，从前侗族居住之地老虎多，侗族先辈设计了比老虎口还要大的虎口屋，以压制老虎取得平安。抬头屋光线强，屋内透光度好，也有大湾部分村民选择此类屋型。

从廊檐的装饰来看，大湾村的传统民居基本上为一字廊檐的平屋，即廊檐均为一条线，仅一层廊檐，不同于新晃自治县侗族民居，房前有两层廊檐。个别民居在左右两侧或厢房的前端加一层短檐，为外廊遮挡风雨，增加休闲活动空间。

大湾“一”字形民居 （姚祖告 摄）

从楼层来看，大湾的传统民居基本为一楼一底的平屋，正屋四扇三间。少数民居为外廊式二层小楼，外廊增加梁柱支持，此类民居大多为后期建造。

民居主体构架 大湾民居基本是以木柱支托、凿木穿枋，衔接扣合、立架为屋四壁横板的干栏木楼。主体构架由柱子、穿枋、斗枋、纤子、檩条组成，多取材于当地盛产的杉木。柱子承重，由地面直立至房顶。各柱之间由穿枋将排柱串联在一起，是重要的拉接构件之一。两柱相隔较长，不利于安装檩条搭建屋面，在两柱之间增加短柱，称之“瓜”。瓜不落地，立于楼枋或穿枋之上，直达屋顶，瓜与柱子之间用穿枋串联。柱子、穿枋、瓜柱形成大湾民居扇形的横向构架。通常正屋由四个扇面构成三开间，两扇面之间用斗枋连接，屋顶用檩条固定在柱头承载屋面，形成整个民居整体构架。在堂屋两侧开间的柱与柱之间增加楼枕，铺上地楼板，将民居分成上下空间。

二层楼的民居主体构架方式与一层楼民居基本相同，只是构件大小不同。多层民居的柱子较高、大，通过增加楼枕层数划分楼层。厢房的主体构架与正屋基本相同，在柱子、穿枋、斗枋、纤子、檩条数量上较正屋少。若地势较陡峭，坡下的落地柱子较长，则与上坡同一平面架构地板，形成吊脚楼。

房屋的大小、规格，与柱子和瓜的数量息息相关。房屋进深用“几柱几瓜”表示，“五柱七瓜”表示扇面有五根柱子七根瓜，柱瓜数量越大，房屋越大。小一点有“三柱二瓜”屋，大一些有“五柱七瓜”“七柱七瓜”屋。大湾现在的民居多为五柱、

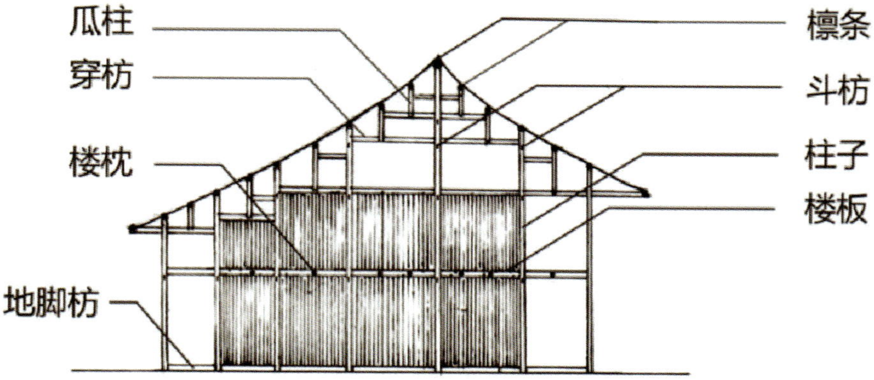

大湾民居主体侧面构架示意图（来源于《贵州玉屏侗族传统村落的保护与文化传承初探》）

七柱，以“五柱七瓜”的较多。厢房多为三柱，常见三柱二瓜，也有三柱三瓜、三柱四瓜的。

经排扇、立柱、上梁等程序，民居主体基本建好。在檩条上以椽皮支撑，覆盖小青瓦，屋顶建成。安装屋内外壁板，制装门窗及室内家具，铺设楼板、地楼板，一栋民居即基本完成。

民居走廊吊瓜　　（吴　娅　摄）

民居窗口　　（吴　娅　摄）

建造技艺　大湾民居的选址和干栏式建筑形式，可以最大限度地适应聚居区域内任何起伏变化的地形地貌，可以不用改变地形获得平整的居住层面，适应于炎热多雨气候的通风避潮，适应于不易清理的场区环境，并可防御虫蛇、猛兽。

大湾民居传承了侗家建屋习俗，建房没有图纸，一切设计都在掌墨师傅的大脑里。掌墨师傅根据房屋地势、宅基地大小、民居主人的建筑意图，在脑中构思民居能落几间几柱几瓜，估算材料，待与民居主人充分协商后确定。民居沿袭“要想发，不离八”的古习，房屋进深、开间、高矮尺寸都尽量套上八，整数无法套上，必在零数用上吉利数字。掌墨师傅没有特殊的建筑工具，只有简单的标尺。正因对民居尺寸上的特殊要求，掌墨师傅的每一次下料都须精准，卯榫嵌合让主人满意。

大湾的传统民居，无论大小，全用榫卯衔接，不用一钉一铆，主要通过柱、梁、枋、瓜、檩条等凿榫来连接，靠木尖锁眼架牢，结构严谨。

重要组件　在大湾民居中，门、窗、楼梯、吊柱是不可或缺的部分，既有特殊的寓意，又展现侗族人民对美的追求。

门　大湾民居的门，由外至内可分为院门、腰门、大门、角门、后门。院门是进入民居的第一道门，为两扇对开。院门并不是所有民居的必须门，一般地势宽敞的大户人家才会修建。有一种比较特殊的院门，两侧有内窄外宽的木质板壁，呈“八”

字形，称“八”字彩门。少数民居会在大门外镶嵌两扇小门，门框中间加几根木条构成，高度刚好到成人的腰际，称为腰门，又称矮门、避窃门，既能减少平日里不必紧关大门，又可防止小动物窜进屋内偷吃食物、弄脏地面，还能防止幼儿随意翻爬出门。进入堂屋的门为大门，在所有门中占有最重要、最特殊的地位，是迎接重要客人的正门也是所有民居必须有的门。大门由两扇木门中间对开，布置在堂屋正中间，上楣较其他门高，更显大气庄重。其余的角门、后门等均为一扇，木质结构。所有的门下均有门槛，可挡风防尘，又可把各类爬虫拒之门外。

窗　是大湾民居的重要组成部分，是室内探测外界的眼睛。大湾传统民居的窗都为木质窗，向外平开，也有上下开的。窗多为两扇，由窗框和穿插中间的木条组成，形成各种典雅而美观的图案，没有过多的雕刻装饰。在大门的上方板壁上通常会开较大的高窗，不能外开，主要用于改进堂屋内的通风和采光条件。为防风挡虫，通常窗子里面贴上窗花纸，后来有的人家用透明的塑料膜或玻璃代替。

楼梯　楼梯是通到民居二层的主要用具，大湾村传统民居的楼梯，多为可移动的直梯。楼梯为木质结构，通常以两根粗细均匀、长短相同的木柱为承重梁，以木板或木柱作为梯板，承重梁与梯板以榫卯结构固定。楼梯宽 0.4 ~ 0.6 米，高度根据需要而定。楼梯与地面、板壁构成稳定的直角三角形，灵活而稳固，占用空间小。大湾民居楼梯的布置比较自由，大部分民居楼梯布置在房屋外的山墙面和房屋后面，也有设在弄堂、火铺间的。

民居吊柱　（吴　娅　摄）

吊柱　吊柱是大湾建筑的外部构件之一，是吊脚楼里面极为经典的细节装饰构造，位于建筑悬挑位置的底端。吊柱的形式多种多样，有椭圆形的，有方形的，还有椭圆与方形相结合的。每栋民居之中的吊柱大小是一样的，形状和色彩也基本相同。大湾人热衷于装饰吊柱的柱头，二层或二层悬挑的锤花柱是雕饰的重点，吊柱在下部 0.2 ~ 0.3 米的地方雕刻花纹，主要有金瓜、鼓、莲花、方块等。

代表民居

杨国木户民居　位于团田组，村活动室旁，是大湾村保存比较完整、具有典型侗族民居建筑风格的民居建筑，也是大湾村唯一一处一般不可移动文物。民居始建于 1963 年，为杨国木之父所建。

民居坐东朝西，木质结构，青瓦顶，呈“一”字形布局，一层平屋。正屋三间，专廒两间，宽 8 米，长 18 米。正屋五柱六瓜，设有堂屋门口，两侧开间从堂屋进出，屋内按侗家民居布置。正屋左侧有两间并排的专廒，比正屋略矮，五柱六瓜，在第一间专廒处设小门进出，安装地楼板，从专廒外建楼梯上下。正屋、专廒，均有木质窗户，图案精美。

杨国木户民居　　（姚林屏　摄）

潘家祯户民居　位于大田组，是大湾村传统民居中保存较好、具有当地建筑特色的民居。民居继承于祖辈，1956 年由潘辅仁修建。潘辅仁是当地有名的木匠，修建民居时倾注了毕生手艺和全部积蓄。

要入民居，必过“八”字院门。该民居院门较为特别，设在正屋右侧的吊脚楼下。吊脚楼共三层，楼间铺两层木地板分成三个独立空间。第一层低于道路，开放式用于陈放木材。三层为房间，外有木质走廊。二层作为进入主屋的通道，修建独具侗乡特色的“八”字彩门。院门向楼内凹陷，设两层门槛，地面铺木板，内窄外宽。门槛两侧装有板壁，呈“八”字形。右边板壁中下部位，距地面约 0.2 米处，有门楼土地。外门槛不设门，内门槛有对开木质院门。院门两边装有板壁，形成封闭空间用于放置出行常用物品。通过院门，向上经过 12 步石梯，到达正屋门前。

整栋民居乌黑，房屋呈“U”字形布局。正屋三开间，一层平屋，七柱八瓜，是典型的抬头屋。正屋两边修建偏厦，左边为粮仓，右边为伙房。偏厦与正屋间有过道，用于联通各房间。过道约有 1 米，有对开大门，上有与大门同宽的天窗，可改善过道和房间的通风和采光性能。紧连偏厦前端，左右均有吊脚楼式厢房，楼上厢房与正屋在同一水平面，楼下均为吊脚。厢房“人”字形屋顶前端有短檐，可遮风挡雨，在大湾村比较少见。左边厢房五柱四瓜，与偏房相通，楼上为开放式厢房，未装板壁，用于堆放柴草，楼下圈养牲畜。右边厢房四柱四瓜，三柱支撑房间，一柱支撑走廊。

民居工艺精湛，无论是吊脚楼的方形吊柱，还是走廊柱子，柱头雕花刻纹。窗户、走廊围栏均以长方形木格作为装饰，造型美观。

潘家强户民居　位于铜鼓塘组，为潘家强与潘家斌共同所有。建于民国时期，是大湾村传统民居中修建年代较久的民居之一。由潘家强曾祖修建，见证了潘家五代人的生活变化。

民居正屋与厢房构成了“L”形。三开间正屋，一层平屋，七柱六瓜，是伞形屋的代表。正屋左侧有一比正屋略矮的专廒，专用为伙房。紧贴专廒搭配了偏厦，是圈养牲畜的地方。由于宅基地有限，仅在正屋右前房修建三开间厢房。厢房四柱六瓜，主梁由瓜承重，是比较少有的。厢房原为吊脚楼，楼下吊脚砌堡坎代替，并向外新增厢房一间。厢房分为两层，楼下为房间和仓库，现楼上空一柱宽作走廊，剩余三柱装板壁为房间。正屋与厢房间留有过道，过道尽头安两扇对开院门。

杨长海户民居　位于新寨组乜溪坡半山上，独户而居，隐于浓郁苍翠青山中。民居建于 1988 年，由杨长海与父亲自建而成，是融合了现代与传统两种元素的大湾民居。民居有独特的厢房、大气靓丽的院门和大湾独一无二的民居凉亭。

民居保持传统的三开间正屋，五柱七瓜，一层楼平屋，顶盖青瓦，两面倒水。

正屋做工精致，门窗上有简洁的图案，或呈菱形，或呈长方形。窗户是大湾常见的“五串三”，堂屋大门上的天窗是比较复杂的“冬瓜套”图案。正屋两边均有厢房，厢房一头与正屋后檐平齐，前端长于正屋前端一个房间，整个房屋构成“U”字形。左边厢房两面倒水，五柱六瓜，二层三间。原是老屋的吊脚楼厢房，后去吊脚并加装板壁形成落地厢房。前端两间，与正屋相邻的一柱不装板壁，作为走廊，是休闲、纳凉、避雨的绝佳之地，剩余四柱构成两个房间。走廊上装木板、围栏，是二层的走道。右边厢房贴正屋而建，四柱四瓜，开口屋形，两面倒水。外环吊柱走廊，吊柱雕有图案，围栏图形精美，围栏已有100余年历史。

杨长海户民居　（姚林屏　摄）

杨长海户民居厢房　（姚林屏　摄）

杨长海户凉亭　（吴　娅　摄）

紧贴左边厢房前端，有门楼式入户院门，院门两扇，设于檐柱位置，较一般侗族院门高大，于2016年新建，是比较新式的木质院门。门楼顶部为挑檐式建筑，两面倒水青瓦顶。大门两侧由板壁连接厢房和院坝围墙，门边分别悬挂着精致又喜庆的大红灯笼，威严又吉祥。木质门楣上刻有“畔山人家”，两侧门板前的柱子上雕刻有门联，“家居绿水青山畔，人在春风和气中”，蕴含了大湾村优美典雅的人居环境，道尽了淳朴文明的村风。院门前有石门墩一对，是门楼中比较有特色的一个组成部件，由须弥座、抱鼓形及石狮子构成。在鼓面和鼓的侧面雕刻有各种吉祥纹样。

院门旁有水泥台阶盘蜒而上，约 20 米处有一处小水池，从山顶引入的山泉从井水溢出，潺潺水声泻于沟间。上行几步便是后山凉亭，名叫沁心亭。凉亭六柱，占地约 3 平方米，围有美人靠，仅一口供出入。四周木竹荫蔽，虫鸣鸟叫，显得幽静而淡雅。

吊脚楼 吊脚楼是一种前“虚”后实的木楼，前半部为架空的楼房，后半部是接地的平房。吊脚楼是大湾传统民居的特殊存在，是具有典型生态适合性的传统山地建筑。

曾经大湾村家家户户均有吊脚楼，这是由当地地理位置和气候特点及建筑材料决定的。吊脚楼多为厢房，少数正屋也有，大小根据地势而定。大湾村民居或立于山坡上，或建于沟坎边，往往受到地形的限制，选择吊脚楼的结构形式，就可以恰当解决地基高度不平的问题。吊脚楼是迫不得已的选择，若有条件，一般是不愿修

吊脚楼 （杨 锋 摄）

吊脚楼的。正屋尽可能建于实地，吊脚楼只能一半靠坎着地，一半则以木柱相撑，悬空而立，似吊着的脚，故得名“吊脚楼”。大湾的吊脚楼只是将房屋的一边伸出悬空，基本上都是单吊式，俗称“一头吊”。

吊脚楼多为青瓦屋顶，木质结构。造型雅致，有走廊，还有带座的靠背栏杆。主材为杉木，采用榫卯嵌合方式，将柱子、枋子相互连接，构成整体框架，装上板壁和门窗，安装走廊和带座靠栏。吊脚楼多为一层，也有两层或三层的。吊脚楼多为厢房的一部分，是正房的附属，其高度必须低于正房高度。

吊脚楼通常作为闺房，给未出嫁的姑娘居住，主人可在房内或坐在靠栏上做手工和休息，也有作为客房或仓房的。楼下若斜坡较大，一般空置，如空间较大、行走方便，可作为碓房、磨房、柴房、猪圈、牛栏等。

多数吊脚楼下坡度较大，厢房下的岩土易塌。后来人们为了安全，在吊脚楼下用石头水泥砌成封闭式的墙，为吊脚楼加了“脚”，外观看不出吊脚。大湾村完整保存下来的吊脚楼不多，在新寨组和团田组还有 5 栋。

火铺 火铺是大湾人必不可少的生活设施，也是接待客人、烤火取暖、烧饭炒菜、进餐、家人团聚的地方。大湾村传统的屋舍均建有火铺，现代建筑中的火铺或被电火炉等电器取代，或改良为现代火铺，如杨安枝家中火铺高度只有 20 厘米，材料由铝合金代替木材。

传统的三列式大湾青瓦房中，火铺大多安放于正屋前靠山头和晒壁的角上，有的置放在堂屋后的道弄，也有设在厢房后间。火铺一般两侧靠墙，上方通常不封楼板，便于炊事时油烟流通。

火铺的规格很讲究，高有“六”，以示炉火兴旺，长、宽有“八”，以示主人发财。高 60 ~ 80 厘米，方便成人上下。火铺面形状均是矩形，根据屋内大小确定长宽，面积多为 6 ~ 8 平方米。除火炉膛外，火铺全是用木料做成。在地面竖立 4 根直径 20 厘米左右的木墩，安装火铺板，火铺板两侧面制成榫槽，互相衔接，搭建火铺平台。建造火铺时，先建火炉膛。火炉膛设在火铺中间偏一侧的地方，用木材以榫卯结构制成一个 1 立方米左右的正方体斗柜，里面填上泥土，压实，再安上耐高温的火坎岩，炉膛外围垫放外框架与火铺齐平衔接。讲究的大湾人会用桐油在火铺面上漆一层油，光可鉴人。

火铺　　　　（杨　锋　摄）

建成后的火炉称“火坑”，是烧柴的地方，中央较低，立有三脚架，铁架上放置铁锅、鼎罐等器具，用于煮饭、炒菜、烧水等。火坑上方有从天花板垂吊下来的木架，称为“炕”，大小根据需要而定，专用于熏腊肉、血豆腐、干豆腐、干豉等。炕上腊肉等腊制品，反映出主人的家境。

火铺的四个方向，各有用途。离火炕最近、不靠墙的一方，叫“火铺边”，两者间只有一块木板相隔，靠近碗柜方向，是主人炒菜、煮饭的地方。另一不靠墙、离门口近的方向，称“柴尾巴”，可坐 2 ~ 3 人，下方堆放柴火，是帮助炊事打杂、烧火的座位，家中的中年人一般坐此，客人不坐此处。与柴尾巴相对、靠墙的一边，唤作“火铺里头”，是老人的位置，客人多时也可坐此。与火铺边相对，靠墙的一边，叫“大火铺”，宽敞且安全，可坐 6 ~ 10 人，靠墙放置四脚木凳或小方桌，是客人、小孩落座、就餐之地。

风土民俗

大湾村是侗、汉族杂居的地方。长期以来，两个民族的村民在生产生活方面相互影响，生产、生活习俗，节令习俗，礼仪习俗等多方面相互交融，形成共同的习俗、审美观念、信仰、道德准则。传统美食罐罐油茶、糍粑、腊肉、糟辣子、腤汤、盐大蒜等，不仅是侗族村民的爱好，也是汉族村民中意的食品。

*饮食习俗

日常饮食 大湾村民主食大米。因山区田少，旧时村民常在大米中加入玉米、麦薯等杂粮拌和而食。肉食不忌种类，以猪肉为主，羊、鸡、鸭肉等次之。蔬菜方面，冬春以青菜、白菜、萝卜为主，夏秋以瓜、豆为主。新中国成立后，村民饮食从吃饱转向吃好，如今讲究营养搭配、绿色安全。大湾村传统食品大致分为粑、腌、熏三类。

粑类 大湾村处于山区，村民房屋多建于山腰，田地大都分布在山脚，外出劳作距离较远、时间较长，回家来回做饭不方便，而粑类食品则可在劳作时烧火烤熟直接食用，方便快捷，深受大湾村民喜欢。大湾村民做的粑粑种类繁多，有粉粑（黏米粑）、油炸粑（用米和黄豆磨浆，再用粑盒油炸）、菜菜粑（以黏米为主，伴有糯米和大叶蒿菜）、灰碱粑（米浆掺稻草灰制作）、发粑（用米粉和黄豆糅合发酵、掺和适量的糖放在盒内蒸熟而成）、麦粑（用当地小麦制作）、苞谷粑（以玉米为主，掺杂适量的糯米粉和黏米粉，再用苞谷叶包裹蒸熟而成）、黄粑（用糯米和黄豆糅合，用粽粑叶包裹蒸熟发酵）、糍粑（用糯米舂烂揉团压扁冷却即成）、粽粑等。

粑的式样以粉粑最为丰富，如蒙子粑是用木模印制，蒸熟再合成一双，有龙、凤、狮、鱼等形状；大红粑，是用黏米打成粉（拌适量糯米）揉成稍扁的团状，再裹上一层染红的糯米蒸熟而成（当年内家中有丧事的，则裹上一层绿色糯米）。

大湾人做粑粑不仅是为了方便食用，也是为一定的节气和庆典而做，各种粑有

红粑 （胡攀学 摄）

菜菜粑 （杨 锋 摄）

各自的用途。有春节自食或送礼的年粑，有姑娘出嫁的陪嫁粑（又称离娘粑，其中盖箩粑的直径比箩筐口大，可谓粑中之王），有建房安梁的宝梁粑，有姑娘玩山赶坳的定情粑，有清明上坟祭祖的蘸粑，几乎每个节日都要舂粑。以前哪家要做粑粑，邻近村民都会自发前去帮忙，满屋欢声笑语，热闹非凡。随着社会的发展，部分粑类被现代简易、速食的食品代替，陪嫁粑、宝梁粑、蒙子粑等越来越少见，但春节时仍有少数人家打糍粑。

腌制类　大湾村人喜食酸辣，因其居住的山区气候较热、湿度较高，常吃酸食能够健脾消食、去腥解腻、增进食欲，因此有“桌上必有酸”“三天不吃酸，走路打捞蹿”之说。腌菜因贮藏于各类陶罐中，常年存放备用，因此也叫罐罐菜。大湾腌菜种类繁多，颇具特色，尤其擅长用淘米水来制作酸脆可口的腌菜。村民制作的腌菜一般可以直接食用，也可以作为餐前开胃小菜，或者作为配料。

大湾村蔬菜种类丰富，有藠（jiào）头、豇豆、四季豆、白菜、莴笋、萝卜、青菜、大头菜、蕨苔、黄瓜、苦瓜、茄子、竹笋、大蒜、蒜薹、生姜、西红柿、辣椒等，这些蔬菜都可作为腌菜的原料。不同的蔬菜在制作方式上也有所不同，如白菜、蕨苔、蒜薹等一般是洗干净后，撒上食盐揉搓均匀，放进陶罐中，再用水将陶罐沿密封隔绝空气，经过一段时间的发酵就可以食用；而青菜、萝卜、茄子等蔬菜则需焯水，沥干水后用簸箕摊平晒至半干，撒上食盐揉搓后放入陶罐。同一种蔬菜也有不同的做法，如辣椒，可剁碎做成糟辣子，也可直接腌制做成酸辣椒，还可以打碎与玉米或糯米做成酢辣子、糯米辣子，再放入陶罐贮藏。经过村民多年的实践，大湾村腌菜及泡菜有数十种。

熏制类　只在腊月（农历十二月）开始制作，用热盐、花椒、五香等拌抹揉搓肉、

腌豇豆　（杨　锋　摄）

腌制的糟辣椒　（杨　锋　摄）

豆腐等原材料，放入缸内腌制几日后，挂于火炕上文火熏烤，有腊肉、香肠、血豆腐、干豆腐等几种，色香味俱全，多吃不腻，为春节待客佳品。改革开放后，村民收入增加，生活水平逐年提高，食品的种类增多，但这些传统美食仍代代相传，流传至今。

特色美食

腊肉　腊肉肉质光亮有泽，保存时间长，香味独特，是家中招待客人的首选菜品，是村民过年必备的年货。制作腊肉，俗称“炕腊肉”。炕腊肉的主要材料是新鲜猪肉，还有食盐、花椒粉、辣椒粉、高度白酒等辅料。腊肉的炕制方法较为讲究。在年终腊月将宰杀的猪，砍成每块 3 ~ 5 斤重，长条形状，也有将猪头、脚及内脏中的大肠、心、肝、肺、肚、腰进行腌制。腌制时猪肉、食盐、花椒粉按照 10 ∶ 0.3 ∶ 0.3 的比例，辣椒粉适量。猪肉、猪头、脚、内脏先用高度白酒涂抹一遍，再将炒热的椒盐和辣椒粉均匀涂抹，装入大缸或大盆里加盖腌制。两三天翻动一次，腌渍时间一般为 7 天。猪肉、猪头、脚、内脏腌制好后，逐块用粽叶扭成的绳套串起，悬挂在火塘或火铺上方的吊炕上，离火塘高度在两米左右为宜，利用冬季火塘的生活用火产生的烟与热进行熏炕。炕腊肉的柴火通常是以薪炭林为主的杂木或树篼，其中柏木、茶树篼为佳，其燃烧时间长，火力适度。再辅以油菜枯、甘蔗渣、柚子皮、橘子皮、油桐壳、花生壳等，增加甜味和色泽。熏炕过程火苗不宜过大过急，防止外熟内生。熏炕过程中，每天不能断火，还需适当调整腊肉位置，让每块腊肉均匀受热，确保熏炕质量。通过一至两个月的熏炕，肉块逐渐失去水分变干，颜色由白转褐红色，此时即可食用或者下炕贮藏。腊肉炕制完成后，贮藏时要注意通风干燥，最好的贮藏方法是将腊肉放到粮仓内的稻谷中，可保其质经年不变。

腊肉　　（杨　锋　摄）

腊肉食用与新鲜肉食用方法不同，需先将腊肉放在炭火上把肉皮烧焦，再放入温水里稍作浸泡（放入加热的淘米水里浸泡更佳），用刀刮去烧焦的腻垢，反复换温水擦洗直至水清。内脏不用火烧，用热水清洗即可。洗干净的腊肉，用清水煮开一次（也有更换二至三次水），煮熟到竹筷轻易插穿肉皮即可。煮好的腊肉香气怡人，肥肉晶莹透亮、油而不腻，瘦肉深红鲜艳、绵柔不硬。可趁热切片装盘食用，也可加葱、蒜、辣椒等佐料翻炒后食用，腊香醇厚，其味悠长。

糍粑 糍粑是大湾人过年必备的主要年货，更是大湾人春节拜年不可或缺的礼品。做糍粑，也叫打糍粑，以糯米或者糯小米为主料。选好的糯米或糯小米，淘洗干净，用清水浸泡 4 小时（糯小米浸泡久些）左右，倒入箩筐或簸箕中沥干水。灶台大锅盛水，木甑置于锅中，待水烧开，舀入沥干的糯米或糯小米，用旺火蒸至米熟。粑槽抹熟油，倒入蒸熟的米饭，快速用粑槌使劲不停敲打，直至将饭粒槌烂，形成粑坨。将粑坨取出，放在抹熟油的案板上，用手揉搓成圆条形，再用手揪成拳头大小的小粑坨，放入两掌轻轻地团揉，拍压成扁圆形，置入簸箕中或案板上晾干。定形后，用刻有吉、福、喜等字的章模（俗称粑印），蘸上粑红，在糍粑一面的正中盖上红红的象征喜庆吉祥的粑印。如是有白喜的人家，三年内糍粑上只能印绿色或黄色粑印。待糍粑完全晾干后，将其放入大缸、大盆等大容器，浸泡在洁净的凉水里，时常换水能长期保存。

糍粑 （姚林屏 摄）

大湾食用糍粑的方法多种多样。可煎、可炸、可烤，外脆里糯；可切块与其他食材一起炒或煮，绵柔爽口；也可切成小块，加甜酒做成甜酒糍粑，香甜糍滑。

灰碱粑 灰碱粑又叫碱粑、米豆腐。制作时，需在大米或碎玉米粒中，加入草木灰的碱水浸泡，因此得名灰碱粑。灰碱粑澄黄发亮，透着碱香，诱人食欲，是大湾人非常喜爱的地方特色食品。大湾人每逢过年或者操办重大喜事时，都要做上几十斤米的灰碱粑，作为早餐、中午与夜宵的食品。

做灰碱粑的主要原料是大米或打碎的玉米粒。草木灰可用辣椒梗、花生梗、茄子梗烧成的灰代替，食用时需先过筛去粗渣。将大米或碎玉米粒与细草木灰按一定的比例混合，倒入大桶或大盆中，加水浸泡一天一夜。待大米或碎玉米粒变成黄色后沥出，在清水里淘干洗净，加适量的清水磨成浆，倒进锅里，用小火边煮边不断搅拌，待水分基本煮干，浆体非常黏稠时，取出放入案板上，揉捏成 0.5 ～ 1 公斤重的椭圆形团块，上蒸笼大火蒸 40 分钟左右即熟，取出冷却晾干，灰碱粑做成。贮存时，将晾干的灰碱粑放入瓷盆或瓷缸内，倒入清凉水浸泡，经常换水可保存 1 ～ 2 个月。

灰碱粑　　（杨　锋　摄）

灰碱粑的吃法较多，煮、炒、烤皆宜。煮吃方法与吃粉面相近，先将灰碱粑切成小条，下锅在开水中煮软，捞出放入碗盘中，依口味加汤和各种臊子，添葱花、香油、味精、酱油、花椒、辣椒等调料，便可食用。炒吃时，切成小片、小条、小块等形状，加入菜和辣椒、葱、姜、蒜等佐料，炒热入味可吃。烧烤时，切片，刷油，加调料，根据个人喜好，烤软或烤脆食用。

腤汤　腤，当地发音 ān。腤汤是用青菜与糯米、嫩苞谷、花椒、食盐、二道淘米水等发酵制成的传统美食，颜色淡黄清透，口味酸咸适度、醇香可口，是大湾人特别喜爱的醒酒、解腻、解暑且四季皆宜的特色食品。同时，腤汤还有治疗感冒、肠炎、止泻止吐、清热解毒的功效。

春夏之交，选用老一点的青菜放在太阳下晒蔫，用木槌轻槌菜茎，清水洗净，晾干水后扎成小把，一层菜一层米（或苞谷粉）装入倒坛内，密封发酵约 20 天，即做成腤菜。取一部分腤菜放入双旋坛中，加二道淘米水、花椒、生姜、大蒜、食盐、米浆或嫩苞谷等，加盖密封继续发酵 15 天左右，腤香味出，腤汤制成，可取食用。在制作时，如有老腤汤作“引子”，则制作更好更快，所有原料与坛子忌沾油荤。取食时，忌沾油荤，忌往坛内

腤汤　　（杨　锋　摄）

加热水，否则，腤汤会坏。

为保持鲜浓美味，须经常取出食用，食用后要添加腤菜、清水和适量米浆、嫩苞谷等佐料，以增香提味。如料理得好，可保存上百年，称为“老腤汤”。

社饭　社饭是侗族祭祀社神的一种食品。春社日当日，大湾人必做社饭、吃社饭，以祈年景顺利、五谷丰登、家运祥和。社饭，味道鲜美、油而不腻、松软可口、老少皆宜。

做社饭的原材料丰富，有糯米、黏米、腊肉粒、干豆腐粒、血豆腐粒、黄豆、花生、大蒜、蒿菜、野葱、猪油、清油（菜籽油）、食盐等。根据蒸煮方法不同，有甑蒸制和铁锅煮制两种做法。

木甑蒸制：野外采集鲜嫩的蒿菜（香蒿、青蒿）、野葱，洗净晾干，切碎，用纱布包裹蒿菜挤压出苦汁，反复揉压冲洗到水变清为止，提取蒿菜的香味，文火焙

社饭　（杨　锋　摄）

干蒿菜里的水分，溢出香气，起锅备用。将腊肉洗净煮熟，干豆腐、血豆腐洗净切成颗粒。糯米、黏米按照 1 ∶ 1 的比例，用铁锅煮至六成熟，沥出米汤捞出，与适量的蒿菜、野葱、腊肉粒、干豆腐、血豆腐粒和食盐搅拌混合，待铁锅里的木甑内冒出热气，加入混合后的社饭原材料，用筷子插孔，便于甑底的热气上行，大火蒸熟。在蒸煮过程中，可尝木甑顶部的社饭颗粒，若太硬，则需喷洒适量的热水改善。

铁锅煮制：前期的材料准备、比例与木甑蒸制法相同，直接在铁锅中加水煮沸后，放入糯米、黏米混合，煮开后盛出米汤。放入炒好的配菜搅拌均匀，堆成一个小山丘，用筷子均匀插孔，以便热气流通，盖上锅盖，用纱布封好边缘开始焖饭。开始焖饭时，火力要控制好，火烧得不要过大，以免饭煳。

做好的社饭散发出青蒿野葱的清香和浓郁的腊香，色鲜味美，松软可口。将社饭蒸热或加适量油炒热即可食用。大湾人更喜欢炒着吃，越炒越香，味道越浓，配上自制腌菜或凉菜，味美无穷。

豆腐笋　立夏当日，豆腐笋是大湾人过节必备的特色主菜。将炒好的猪瘦肉丁、油炸豆腐丁、鲜嫩竹笋（均用刀剁成小丁）、嫩豌豆粒（或嫩蚕豆粒）、鲜蒜薹丁、干板菜末、干椿芽末，按 1 ∶ 1 ∶ 1 ∶ 1 ∶ 1 ∶ 0.5 ∶ 0.5 的比例，在铁锅混合加油再炒，添加适量黄酒、油辣椒和胡椒粉，待香味阵阵时出锅即成。

豆腐笋的吃法也别具一格。食用之前，将鲜嫩莴苣菜叶（现用生菜叶）洗净去筋，撕成 4 厘米大小的方块放于盘中，置于桌面紧挨豆腐笋。在吃的时候，用筷子夹一片莴苣叶去碗中包豆腐笋（不能用手，只能用筷子），形如馄饨，连同菜叶一起食用，不仅味道鲜美，酥香可口，还能健胃、益神。

豆腐笋　（姚祖告　摄）

＊节令习俗

春节 大湾人称为“过年”。过春节，从农历腊月三十开始，到新年正月十五日止。除夕年三十，全家团圆，正月初一、初二、初三，人们都不外出，要在家“团年”。出门在外的人，无论离家多远都要在年三十这天赶回来，与全家团聚吃“团圆饭”。大湾有“叫花子也有三天年”的俗语。无论有多忙，也要过了年初三以后才出门。

为过好一个祥和热闹的春节，大湾人在腊月中旬开始筹办“年货”——打糍粑、做红粑、做灰碱粑、打豆腐、攮粉、烤酒、酿甜酒、杀年猪、腌制腊肉、做血豆腐、买糖果糕点，给老人和小孩做新衣，等等。年关时节做的每件事情的过程与结果是否顺当，都预示着一家人来年的运势。腊月下旬，各家各户开始“打阳尘”（打扫室内外卫生）、洗衣被、洗餐具等迎新年。腊月二十七八，杀洗鸡鸭鱼，烧洗腊肉、猪脚等，备齐年货，迎接新年。

年三十当天，家家户户贴春联、窗花和挂灯笼。早早就忙着蒸蹄髈、蒸粉蒸肉、煮腊肉、炖鸡鸭、煎煮鱼等，准备年夜饭，即“团圆饭”。下午四时左右，首先在堂屋八仙桌上摆一只整鸡、一个“刀头”、五个酒杯、五双筷子（寓意祭拜神龛上的天地君亲师）及一些糖果，村民用酒杯斟酒，燃香烧纸，向神龛三作揖，香插入神龛上香炉，先祭祖先，后祭其他神灵，祈求保佑家宅吉祥、出入平安。在猪圈、牛圈门前上香、烧纸，祭掌管六畜的四官神，保佑来年六畜兴旺。在堂屋的左檐柱缝里插香敬保宅土地神，保佑新的一年五谷丰登。用煮熟的稻谷拌肉作为“喂牛饭”喂牛，敬其一年到头的辛苦，默默奉献。用煮熟的米饭拌肉作“喂狗饭”喂狗，感谢其对主人的忠诚。祭祀敬奉完毕，放鞭炮，吃年夜饭。年三十晚上的年夜饭，大湾人饭菜数量充足，每份都有剩余，留作新年里的“年庚饭”，寓意粮丰人俭、年年有余。年夜饭后，人人都要好好地洗洗脚，必须洗过膝盖，大湾人有“三十夜的脚洗得好，在新的一年里运气就好”之说。“三十夜的火，十五的灯”。大湾人认为，三十夜的火烧得越红旺，来年家运就越旺盛。年三十晚上，一家人围坐在烧着熊熊大火的火铺上、火塘边扯家常，煨罐罐茶，听老人摆龙门阵。老人给小孩发压岁钱，寓意晚辈、年轻人得到老人给的压岁钱就可以平平安安过一年。年三十除夕夜是“一夜连双岁，五更分两天”。这夜，家家灯火通明，年长者多彻夜不睡地守岁迎新，俗称“坐三十夜”。午夜十二点，家家户户燃放鞭炮，辞旧迎新。

正月初一，为新年开始。新年之初的第一件事就是放“开门爆竹”和“捡财喜”。清早，家里的男人开门放爆竹迎新，出门捡几块或一小捆柴丢进屋内，或是三十夜里就先将柴靠在堂屋门外面，当早上开门时，柴就会从外自动掉进堂屋内，并大声喊道“进财喽”。随后，到堂屋神龛上香、炉中插香、神龛下烧纸、堂屋八仙桌上放置 5 个茶杯倒净茶，敬奉天地君亲师。“年初不摸刀，灾祸远远绕”，年初一当天，禁动刀具，不扫地，不能说不吉利的话，不讲粗话。

从正月初一到初三，一般都不外出，青年们在寨子里打“闹年锣鼓”，增添节日喜庆气氛。初四起，亲朋好友间开始相互拜年，并持续整个正月。

正月初七起开始玩龙灯。龙灯每天晚上走村串户，风雨无阻。每到一村寨，家家户户倒净茶，烧香纸，燃烛放鞭炮迎送。玩龙灯人进入接灯人家，须讲吉语庆贺，主人打发“灯钱”。龙灯来到至亲好友的村寨，亲友要接灯，设席接待留吃“灯酒”。龙灯玩至正月十五元宵节化灯，至此玩龙灯活动结束。

春社 立春后第五个戊日为春社日，是大湾人的重要节日。春社到，表示一年春耕大忙季节来临。男人们检修农具，以备农耕；女人们做社饭，以庆过社节。未婚的青年男女结伴到皂角坪街道铁家溪禾梨坳坳场赶坳对歌，画眉爱好者登坳参加斗鸟竞赛。春社当日，大湾人用社饭、烧酒祭祀土地神，祈求年丰。以前，社饭主要是用米和野葱野菜搅拌混合蒸制或煮制而成，吃社饭也叫吃“忆苦饭”，故有“过年只有三天，过社要过一年”“瓜菜半年粮”等说法。后来生活条件改善，社饭配料有所增加，成为大湾人的一道美食。大湾人过社还有相互赠送社饭或接亲友“过社”的习俗。在过社这天，村民带上新煮好的社饭及其供品、香烛等，拿到新亡者的坟上祭奠叫挂社坟。祭满三年后，挂社坟终止，祭日改为每年清明节挂清。

清明 清明这天，大湾人有扫墓的习俗，当地叫“挂清”，是祭扫祖坟的节日。清明日为“正清明”，挂清一般安排在“正清明”的前后三天，共七天时间，以“正清明”最为热闹。是日，各家带上酒、肉、蘸粑、米饭、香纸、爆竹、坟飘纸及铲锄、镰刀等物祭扫祖坟。旧时祭品中，以蘸粑、肉食最为讲究。蘸粑要色白、形圆、个匀，4个叠为一体，3个在下，1个在上。肉食须用鲜猪肉，腊肉、牛肉忌用。祭扫毕，即在坟地就餐。有的同宗人相邀到远离村寨的远祖坟挂清，一般少则几十人，多则百余人，祭品或统筹或自备。

挂清时，先要修整坟墓，用镰刀将坟墓周围和坟堆上的杂草树木清理干净，用锄头把坟旁边的土增添到坟堆上修复规整坟堆，以示祭祀者对故人的尊敬和缅怀，以祈后人富贵平安。清理干净后在坟上插坟飘棍，挂上坟飘纸，在墓门前拜台上摆上酒肉、蘸粑、米饭等供品，烧香纸、放爆竹。子孙后裔们则在墓前下跪拜祭，祈祷祭奠。祭毕，把祭品中的一部分倒入坟前，默默地呼唤先祖饮酒用餐、领纸钱，望先祖恩泽后代。扫墓结束后，祭祀者们用餐，餐毕回家。

随着时代发展，倡导文明祭祀，清明习俗有所简化。祭品品种更加多样化，坟飘纸颜色丰富，鲜花逐渐取代了鞭炮、香纸。但是，修整坟墓、挂坟飘纸、祭祀供品等保留至今。

立夏 立夏是大湾人的重要节日，大湾人立夏习俗主要体现在吃的方面。话有:“立夏不吃肉，瘦得光骨头；立夏不吃蛋，瘦得不好看；立夏不吃笋，走路要打滚”。因此，立夏这天，家家备上猪肉、禽蛋及豆腐笋等食品，必“三吃”，即吃蛋、吃笋、吃汗菜，也叫吃“立夏”。吃蛋，象征着生活圆满，祈求夏日平安。吃笋，侗家人叫“撑脚杆”，寓意腿脚硬棒、健壮有力。汗菜，侗家人叫“长寿菜”，立夏吃了汗菜，认为夏天不会长痱子。在祭祀方面，主要是祭秧神和土地神，祈求神灵保佑在新一年顺顺利利、无灾无害。这日是朝阳村烂泥坳赶坳的日子，大湾人会相约赶坳。

端午 端午分小端午和大端午。小端午为农历五月初五。是日，各家打扫庭院，门上挂菖蒲、艾叶。中午，用菖蒲、大蒜汁水遍洒室内外，用百草煎水洗澡。午餐吃粽子，喝雄黄酒，制雄黄肉。大端午为农历五月十五。当日，大湾人炸油炸粑、做盘子粉庆祝节日，并赠送亲友，相互祝愿风调雨顺、有个好年成。大端午这天又是楠木坳场赶坳的日子，青年男女收拾打扮，云集坳场对唱山歌，中老年人参加坳场斗鸡、斗画眉、赛马、打金钱棍等娱乐活动。

中元节 俗称“七月半”，又叫“鬼节”。大湾人出于对祖先的虔诚敬奉，非常重视此节日，把中元节称为祭祖节。大湾村过七月半最重要的是农历七月十三日。是日清晨，烧香纸、倒净茶、供油茶，迎祖先入堂供奉，傍晚烧香燃烛，送冥袱。大湾村一直流传着“清明香、月半纸”的习俗。准备冥袱，即封包，是中元节的一项重要内容。当日，各家各户都要封包、写包、烧包、准备祭品供奉先祖。奉送祖先的包必须是双数，少则 6 ~ 8 封，多则几十上百封，一般是 12 ~ 24 封。

中秋 农历八月十五是大湾村旁冲首溪坳赶坳的日子，赶坳是大湾人的特定习俗。当日，吃早饭后，男女青年云集坳场，唱歌结交朋友。坳场上，姑娘、小伙成群结队地分成男女阵营，对唱山歌。如男方有情、女方有意，就成双成对谈情说爱，交换信物，夕阳西下才依依惜别，并定好下次约会时间。中秋大湾人家家用新米打粑、制粉，用新黄豆制豆腐。晚上，全家吃团圆饭后，大人多在庭院喝茶、吃粑和糕点，纳凉赏月。小孩则三五成群到野外别人家地里“偷月亮菜”。被偷的人家知道后，也只是一笑了之。

重阳 重阳节这天大湾人多以烹鸭、舂米粑为食。食前，将米粑象征性地堵塞房前屋后石窿岩缝，叫“塞岩窿”。相传，重九期间，蛇虫渐蛰，堵之以防复出。这日，也是朝阳村尖坡坳场赶坳的特定习俗，村民们成群结队赶往坳场对歌交友。

*礼仪习俗

嫁娶习俗 大湾村的旧时婚姻习俗以包办婚姻为主，男女青年的婚姻大事多是听凭“父母之命媒妁之言”。也有通过赶坳对歌玩山、情投意合、自由恋爱而结为夫妻的，但只是少数。从物色对象到完婚的过程，一般分为如下几个程序：

起意 即找对象。找对象有三种方式。一是由父母为其子女寻访；二是由亲友介绍相亲；三是男女双方互相结识。男方中意某某姑娘，只要不是同姓，再请媒撮合。

请媒 请与女方有关系的人做媒，媒人一般需要上女方门三次，俗谓之“三媒六转（正）”。媒人头次上门，提一篮子，内装猪肉、糕点等礼品，去女方家说明来意，叫“提篮子”。女方父母对媒人热情接待。第一次媒是不会慨然应允的，只将礼物收下，说明这门亲事有点眉目了。媒人二次上门，礼品比头次多加猪肉或一两段布料。如果同意收下礼物，并回给男方一些礼物如袜子、手帕、毛巾之类，说明这门亲事进一步明朗了。媒人三次上门，便送上衣料、首饰、现金等礼物。如果女方把礼物收入并别无异言，说明这门亲事基本明确，男方就可以准备讨口气的事宜，如果女方父母或姑娘仍断然拒绝，说明亲事就此告吹。

讨口气 在男女双方约定好的吉日，男方委托媒人，带领男方家一位长辈，带上酒肉、糖食及送给姑娘的定亲衣料等物品，到女方家商量定亲的事，举行一个仪式将这门喜事定下来，即约定联姻。女方家请来嫡族至亲，设宴款待。媒人说明来意，介绍男方的情况以及联姻的愿望。姑娘父母表明态度，基本认可亲事，同意相互走动，加深了解，算是给男方一个明确的答复。

放炮 又叫“插茅香”，即是订婚。两家通过媒人商量，约定日期，男方家送上正礼和节礼。由男方派一代表随同媒人将礼品和香纸、红烛、供品送往女方家，大放鞭炮。女方家听到鞭炮声响后，即派人到大门口迎接。相互寒暄后，由女方家中一位德高望重的长者主持，在神龛香坛前摆上供品、净茶、烧香纸、燃火烛等物品，将两方结亲之事告知先人。随即设宴，吃定亲酒，至此两家婚事取得公认，结成亲家往来。

讨八字 即讨要姑娘的生辰八字。通常在放炮之后，委托媒人向女方家讨取。

女方家族难舍，再三推诿，任媒人往来奔波，才会将姑娘的出生年月日时填在鸾书上，交给男方。男方得了女方的八字，请人合八字，择定吉日良辰结婚。男方家将迎娶的好日子写在红纸上由媒人报送女方家，叫“报日子”。女方认可后，确定完婚日期，男女双方各自筹备结婚相关事宜。将八字发出，也有的在放炮时一并举行的。放炮与讨八字一并举行，叫“礼上观亲”。

送舅公礼　舅公即姑娘的舅父。嫁娶日期确定后，男方备礼，邀约女方家人，同去舅父家放炮认舅谢恩，也叫“修舅公”。修舅公有两层意思，一是第一时间正式向舅公报喜，表示水有源头树有根之意。二是向舅公家表示歉意和道谢。一般舅家收到礼品后，会原数或加数回赠。

开声哭嫁　即唱嫁歌。结婚前四五天，新姑娘开始哭嫁。在大湾村，唱嫁歌这一过程，气氛十分热闹。通常最早来唱嫁歌的是伴嫁姑娘们，嫡族至亲、寨邻朋友陆续看望新娘“陪妹坐点”，送“填箱”，与新娘唱姊妹歌，作一些诚恳劝导和安慰。前来伴嫁的人中，有与新娘感情深、各种原因不能婚配的前男友，新娘则专门约见，父母不但不会阻挠，而且会专门设酒席热情招待。伴嫁姑娘们和新娘前男友在新娘闺房中与新娘同桌饮酒、唱酒歌、叙情歌、劝歌、送歌。前男友离别时唱辞别歌，新娘唱挽留歌，一唱一答直送到大路口，才难分难舍、依依惜别，还送新娘一床铺盖作为纪念。新娘出门的前一天晚上，伴嫁姑娘们齐唱《亲恩深》，引来新娘的爹娘、哥嫂、弟妹到闺房中，一家人叙说即将离别的依恋之情。歌声如泣如诉，内容之意寸断肝肠。出阁吉日清晨，“催妆”的唢呐声响起，伴嫁姑娘们一起唱着《梳妆歌》，为新娘梳妆打扮。梳妆完毕，新娘唱《离娘歌》，全家老少声泪俱下，荡气回肠，至此唱嫁歌圆满结束。

过礼　在婚礼前三天，男方须将原议定的及常规的礼品，由一代表或媒人押送，用抬盒或抬盘请人送往女方家，这一程序叫过礼。过礼的礼品，有新娘的四季衣物首饰、糕点果品、盐茶酒醴及花筵猪等。

嫁娶　女方家办花筵酒当日，一男二女“迎亲客”和迎亲队伍，手提马灯一对，挑着担子，抬着花轿，到女方家迎娶新娘和“送亲客”。女方家开席招待嫡族至亲和迎亲队伍。在婚期凌晨天未大亮之时，新娘即洗澡换衣，梳妆打扮。由一位妇女用五色线绞掉新姑娘脸上的汗毛，叫开脸。把辫子绾成粑粑头，别上簪子“冠笄”。胸前佩戴一面铜镜，在堂屋拜祭祖先，拜辞爹娘、哥嫂等亲人，然后搭上头帕，由兄或弟背上花轿。轿内放火斗，生上炭火。在新姑娘上轿以后，锁上轿门，抬轿人抬着花轿在门外转三个圈，男送亲客骑马走在花轿前，女送亲客坐小轿在花轿后，紧紧护卫着新娘，与送嫁妆的人随同迎亲队伍，一路鞭炮不断，吹吹打打，前往男方家。在迎亲的路上，如果巧遇另外一支迎亲队伍，狭路相逢，又无别路可绕过时，双方即派代表协商，新娘都下花轿，互相交换一件礼物，如手圈、手帕等，两个新娘平肩而过，互祝双方今后顺利。这一过程叫“换喜”。花轿临近男方家门前时，要回喜神，又叫回车马。回过喜神之后，如果进门的时刻未到，新娘则在花轿内停下等待。男家这时事前安排接送亲客。引娘引导新娘下轿，新娘一脚踩一个内铺红纸的格（“隔”之意）筛，两个交替走进屋去。其他的人帮着把嫁妆等接进屋，招待抬嫁妆人，赠送喜钱。等新娘进屋之后，引娘把新娘引到火铺上，舀一盆水，滴一两滴酒，用新毛巾打湿后，在新娘和全家人的脸上抹一下，叫洗笑和脸。洗笑和脸后，备6个菜、6个酒杯和饭，由女送亲客捡一些送给新娘吃衣禄饭。有的是在新房内拜完花烛与合卺酒一起吃。锁着嫁妆箱的钥匙由送亲客代管，新娘、送亲客接进屋后，要唱酒歌向送亲客讨取钥匙。请命好有体面的人为新人铺床、挂帐，边铺边讲吉语，如“帐子挂得巧，儿孙来得早”“豆子上床，儿孙满堂”“鸳鸯绣得好，百年同到老”。

筵宴　红喜酒，每席必须有髈，因此又叫“髈酒”。喜酒要摆三天。第一天进门酒，又叫迎亲酒、下马酒。第二天正酒，吃大髈。酒席由族中一位德高望重的老人总理主持，叫掌席公，是陪客吃酒的关键人物，安排各个客人的席位，不得紊乱。主要席位在堂屋内，四桌，左边二桌龙席坐男客，右边二桌虎席坐女客。第一次开席之前，新娘先奉送厨师一双新鞋、一条毛巾，然后上菜。上菜、斟酒、掌席公致开宴辞，

筵席菜式　（杨　锋　摄）

酒席菜式　（杨　锋　摄）

客人也互为唱和，反复劝菜、唱歌敬酒。第三天起马酒，意即吃完客人就走了，送亲客要返程。席面调换，男方主人坐上席，送亲客给主人斟酒，祝贺主人喝落心酒，同时表示辞谢。

拜堂　第二天早上，新人摆茶，每桌摆糖果、花生、瓜子，新人手捧茶壶，每人斟上一杯。喝了茶每人要丢茶钱，多少不定，这是新娘的一项收入。吃完茶举行拜堂仪式。堂屋中摆上香案，点起大蜡烛，新郎新娘先拜天地，后拜祖宗，再拜父母。接着拜客，受拜之人要赠送拜钱，有嫁鞋的加倍送钱。拜堂后，吃正酒。每次开席都要放炮，无铁炮的放鞭炮。第二天晚上，如同白天一样坐席吃夜筵。吃夜筵多是行酒令、唱酒歌、一对一答，有的吃到天亮。当贵客在吃夜筵时，一部分青年男女朋友在新房里向新娘要糖果吃，新娘已准备好烟、茶、糖果、瓜子之类。青年们给新娘、新郎出难题、开玩笑、打闹、讲四言八句和唱歌等。

回门　三天时，新郎同新娘去到女方家回门，有的叫转脚，回门应当天回转男方家，不能到女方家歇宿。去时要带上一桌酒菜叫回门席。回门之后，男方家办会亲酒宴请女方亲属。结婚 24 天后，新娘回转娘家去住，叫坐对月，这次回家可以较长时期住下，但新郎往往借故来接回。

随着时代的进步，办喜事时，一些繁规冗仪不再举行。但一些简单的礼仪也有保留，比如订婚过礼、操办酒席、迎亲送礼等仍沿袭。近年来，迎娶不再用轿子，而是用轿车接送。在嫁妆上亦大为改变，木器有的改为男方购置新式家具，女方陪嫁物品则为彩电、冰箱、洗衣机、录音机、电风扇、缝纫机、自行车、摩托车之类，家庭条件好的有送小轿车的。

丧葬习俗　在丧葬习俗方面，从始至终体现一个“孝”字。新中国成立后，随着经济和社会的进步，废除了一些封建迷信的内容，较之以前有很大的进步。但是，在某些方面仍保留着过去的一些传统习俗。

殡殓　是大湾丧葬的第一个环节，分为送终、小殓、大殓三个阶段。

送终。老人弥留之际，对其家中后事要预作安排。亲属特别是子女要日夜守候。临终时，男性要抬到堂屋，坐在事先卜好的箩筐上，女性要坐在房里或火铺上。长子或长女拉着死者的手或抱着死者，其余子女、亲属跪在左右两旁，静听遗嘱，依依泣别，谓之“寿终正寝”和“寿终内寝”。烧落气钱，放炮三响，向寨邻报丧。

之后，将死者停放在堂屋的灵床上。男性放左边，女性放右边，面部盖上白纸，口中放入一块银圆，两手捏冥纸，门前挂“望丧钱”（望山钱）。

小殓　人死之后，男性要剃头，女性要梳妆，叫男剃女梳。帮亡者剃头（或梳头）的人边剃边讲吉语恭贺孝家。洗澡，两人从井里提回烧温(忌单人挑)，视其死者性别，请忠良、厚道的男女老人洗澡，边洗边念吉语恭贺老人家。然后，家人为死者着寿鞋、戴寿帽、穿寿衣、捆寿带。寿衣裤是三层、五层、七层，宜单忌双。寿衣裤要棉织品，忌化纤品。寿带由青纱和白纱编成，青色、白色各半。纱线数按死者的年龄算，每岁一根，再从总数中减去六根，意在把“6”(谐禄)留给后人。装裹完毕即可入棺。

大殓　入棺之前，棺内要先放筛过的石灰或草木灰。放灰时，用小碗舀入，碗数和寿带数相等。再铺稻草或灯草，垫上兜单，置鸡形枕，然后将死者平放于棺内，用他(她)生前穿过的衣服扎紧脚手，亦可用白纸包些木炭放于棺内两侧，盖上寿被。最后，盖上棺盖。棺盖暂不封闭，待出殡前亲属开棺向遗体告别。棺木要停放中堂。冬春垫板凳高放，夏秋置木枕低放。

治丧　是大湾丧葬中最重要的环节，主要有报丧、设灵、成服、堪舆、开路、悼念、应七、唱孝歌、祭奠、客祭、酬宾、绕棺、掩殓等13个程序。

报丧，又叫送信。死者入棺后，派人带上孝帕孝带到死者生前至亲好友家报丧。至亲好友得知丧信后，要带上钱纸到灵前悼念，安慰死者家属，有的还要帮助料理丧事。此时，孝家要将开吊、安葬日期告诉亲友，并嘱按时前来参加葬礼。

设灵。棺材前竖一块大门板，用白纸写上“西逝上寿某公某婆某某之灵位”，贴于门板上。同时，将死者生前半身照片放大至一尺左右，用镜框卡起，周围披上黑纱，置于灵位之前，谓之大灵。大灵两侧挂白布帷幔，把孝堂分隔为内堂和外堂。有的还用竹子、柏枝、猴子草和各种纸花扎成牌坊，灵堂庄严肃穆。大灵前设一张灵桌，又叫香案，供有用红纸折成如信封形、书写有与大灵字样相同的灵牌，又称小灵。香案上，燃点香烛，供上糖食果品。棺底下或一侧，用桐油点上“地府灯”，罩上竹篮。设灵后，神榜要用半张白纸斜盖着，堂屋内带有红绿的字画、对联要取下，以示悲伤。堂屋门口用晒席或油布搭成敞篷，供祭奠及陈列各种吊挂、奠品之用。

成服。大殓之后，亲属按照与死者关系的亲疏穿上不同的孝服。直系亲属穿白布毛边长衫，头戴三沭冠，脚穿稻草鞋或白布毛边鞋，手拄哭丧棒。旁系亲属包孝帕、捆孝带（戴孝之后要忌荤）。之后，吃成服酒，子女婿侄戴孝顶礼。

堪舆。即“阴阳”先生测断葬地。“阴阳”先生根据死者、孝子的生辰八字，选择山脉山向，确定葬地，定向、斩草、打井，择定出殡安葬日期和时辰。

开路。“阴阳”先生为死者开路，在灵前的地上摆一簸箕或筛子，供上刀头肉和白酒，烧香点烛，孝子执行路(魂)幡，随同“阴阳”先生跪拜唱。拜唱内容为介绍死者与祖宗见面，关照各方鬼神给予通行方便。

悼念。停棺在堂期间，早晚要上供哭灵。远亲近戚和族间纷纷前往灵堂悼念，给死者敬香烧纸。男客在灵前跪拜作揖，孝子在帷布内还礼。女客在内堂哭灵，以示哀悼。之后，安慰孝家，敲锣打鼓，做些游戏性的活动，如猜谜语、下棋、打牌等，从晚直到天明，俗称“坐夜”或“陪灵”。

应七。又叫做小斋。请道士做道场，由道士发出“文告”，烧赠“金银财钱”。

唱孝歌。出殡前一两天晚上，挽歌郎在灵前击鼓唱孝歌，也称挽歌或丧堂歌。歌郎唱歌有请歌、接歌、对歌、盘歌，从晚一直唱到天明送歌为止。内容多为《封神》《三国》《水浒》等，也有即景生情“现炒现卖”的，围观者甚众。

祭奠。是丧葬仪式中较为隆重的一种，多在出殡前一天举行。一般先祭家祭，后开客祭，最后圆祭。家祭。开祭前，在堂屋门前摆一张大桌子，在院坝里摆上数张桌子，作为设席。待牌位、告文写毕就绪后，桌上焚香、点烛，司炮、司乐。开祭时，堂屋门前桌子两边分别坐上通赞、歌赞、引礼、陪赞四位先生。通赞主持，其他引礼。然后听通赞口令，将所设的席逐个进行省席。每省一个席，都有一个歌赞，如因时间有限，可减少一些赞歌。省席毕，进行祭神礼。这些都有一套摆设，还各有告文、奖词。 行穿席绕堂礼，引孝子等复外位行排班礼，引孝媳出帏至灵柩位前行三献礼。礼毕，献哀言，读祭文。

客祭。家祭结束就是客祭，是死者生前的亲朋好友，为缅怀情谊而进行的一种悼念形式。参加客祭的是死者的晚辈及其以下的人，客祭也应哀悼。客祭的程序与家祭相似，但也有不同的内容。当然，也有免开客祭的。圆祭　家祭、客祭结束后，还要圆祭。首先，要歌“上天圆圆地方方，孝家圆祭大吉昌。今朝举行圆祭礼，荣华富贵万年长”的圆祭赞。施炮、作乐，引孝子上香进行一番祭奠后，引孝子等听讲书、读礼。此项意在古为今用，结合现实，引导和教育青年人发扬大湾尊老、敬老、养老的优良传统，加强团结，构建和谐。

酬宾。是孝家设宴酬谢宾客和帮忙治丧的人，俗称吊礼酒。酬宾一般在出殡前一天、家祭之后举行。如遇八九十岁老人去世，吃酒的人可以将酒桌上的碗带走，意为偷其福寿长命百岁。

绕棺。在出殡前的晚上，男性死者要绕棺，女性死者要踩灯。由“阴阳”先生或道士领头，孝男孝女及歌童数人，手持一炷点燃的香，围绕棺材和事先点好的数十盏灯有秩序地循环转，边走边唱《正气歌》等。踩大灯120盏，踩小灯72盏或32盏。

掩殓。是亲属最后向死者告别的仪式。为了等待亲属，掩殓一般在出殡前才举行。掩殓时，由“阴阳”先生主持，揭开棺盖，亲属倚棺而立，检查死者是否睡正，寿被盖好没有，等等。有的向死者敬言，孝男孝女泣不成声。掩殓后，进行封棺，即用石灰、豆腐粘长条形的白纸封住棺口周围。如遇天气炎热，在大殓之后，就请人收臭，对遗 体加以处理，可以久放。

安葬　是大湾丧葬中最后的环节，有祭杠、荐灵、出柩、送葬、下肆、复山六个程序。

祭杠。在出殡头天下午，请抬灵柩的人吃便饭，绑扎抬灵柩的杠子。杠子绑好后，用熟的“刀头肉”及白酒、香纸祭杠，抬灵柩的人每人吃一点肉，俗叫吃“脚板肉”。同时，孝家要送给每人一双新稻草鞋。

荐灵。荐灵意为亡者灵魂即将与亲人辞别。由一人收拾上山用的肉、酒、香纸等，把“望丧钱”带到山上烧化，在灵柩前面沿途丢些纸钱，叫给死者丢买路钱。荐灵时，帮忙的亲朋、寨邻拆去棺前大灵及搭建的祭棚；“阴阳”先生点燃一把事先准备好的竹扫帚，并口念经文。念完将竹扫帚扔出大门外，帮忙的人传扔几下，扔得越远越好，好使孝家平安顺利。

出柩。荐灵之后，“阴阳”先生点燃一个火把，绕棺一周，丢出大门外，用尖刀打破一个碗，大唱一声“起”，抬丧的人把棺材抬出门外，放在事先摆好的凳子上，进行绑扎。

送葬。棺材抬出门外，孝男孝女环跪灵柩前，等待抬丧，人绑扎棺材后，覆大红毡毯或大红纸，系上跳井公鸡，其他人员排列花圈、幛对、吊挂、敲锣打钵等，在前开路。一路要燃放鞭炮，将灵柩抬到山上。女孝和幛对只送到半路，男孝及花圈、吊挂等须送至葬地。

下肆。下葬的棺材抬到墓地后，孝子把孝帕置于坑旁，抬棺人把棺材放于孝帕上，放跳井鸡入坑，待鸡跳出井时，即把棺材放于坑内，孝帕收起，孝子戴到头上，由“阴阳”先生用罗盘正方向。所有戴孝帕的人一起，一律由随行送葬的亲朋等将长披改为短包。先生再赐给孝子福禄米，然后掩土。帮忙挖井的人要把挖起的第一锄土先盖在棺材上，先生并用吉语恭贺孝家。随后由孝子背朝“井”穴向后铲三铲土入“井”中，然后抬灵柩的人、送葬亲朋、寨邻等掩土垒坟。完毕，孝子及送葬的人回到家里，要先洗手，摸一下秤、捡一根柴(财)进堂屋去，表示大家从此清洁纳财。孝家设宴款待送葬人。安葬回来，“阴阳”先生要与孝家同席吃饭，在席上要陪“阴阳”先生吃饭的人中福寿双全、德高望重的人给孝子开荤。开荤人给孝子酌一杯酒，在六个菜盘中拈一些菜饭放入一个碗中，意味着一切圆满、六六大顺，并讲吉言恭贺孝家。

复山。死者安葬之后，“阴阳”先生在山上“安龙谢土”，在家里“安家仙”，“打扫房屋”。安葬后第三天，孝家和亲友在墓地垒坟复山，家友一起前往。垒坟同时，给亡者交所谓“地契”，孝家设宴款待帮忙人和亲朋好友，经过“洗孝”、“谢孝”、亲友吃“孝饭”，丧事才算终结。

生育生日

报喜　大湾的小孩出生第三天，由其祖父或伯父挑上1只鸡和若干红蛋到外婆家报喜。生男孩，挑公鸡；生女孩，挑母鸡。红蛋则根据外婆家亲属多少而定，每户至少送两个，多则不限，但必须是双数。外婆把红蛋分送给嫡族至亲，嫡族至亲就置办贺礼，准备吃“粥米酒”。外婆则在亲族中邀约三五个妇女，带上甜酒、鸡蛋、婴儿尿布及两只鸡(1只为原送去报喜的，1只为与报喜鸡作“鸳鸯配对”的)，随同报喜人到女儿婆家向亲家贺喜。

贺喜　大湾小孩出生要吃三朝酒，又叫洗三朝是最为隆重的贺喜习俗。外婆给外孙洗澡，教给女儿一些婴儿护理知识，并与亲家商定请“粥米酒”的日期。粥米酒一般在出生后的前半月。届时，外婆家的嫡族至亲的妇女带上糯米、甜酒、布段、鸡、蛋等物前去贺喜。外婆家的礼物最重，除猪腿、鸡(蛋)、甜酒、糯米、红糖等食品外，还有送给外孙的衣服、布段、背带、小棉被、鞋、帽、银饰等。在酒席上，外婆备受尊重，主人和其他客人都向她敬酒，并唱酒歌酬谢，以表木本之情。宴庆多延续两三日才散。产妇满月之日，接外公吃满月酒，外公提雄鸡1只前往。满40天，产妇背婴儿回娘家拜望外公外婆。满月30天，产妇可在室外活动，但要满月40天，才可串门。婴儿满月，其祖父给婴儿剃胎头。大人可抱婴儿在户外活动，叫“见天”。

生日　大湾新生儿满周岁，要办周岁酒，也叫“抓周”，外婆家及至亲好友要带上物品祝贺。其间，要给小孩“剃头”“开荤”“抓周”等。剃头是请外公或舅为其剃头。抓周是在小孩面前摆放笔、书本、算盘、尺子、食品、酒杯、玩具等，视孩子所抓东西预期其今后的前程、性格、爱好等，在小孩办“周岁酒”后，一般就不再办生日酒了。大湾有“家里有老人，晚辈不办生”和“做九不做十”的习俗，就是不论有多大年龄，家里只要有长辈健在，就不能办生日酒祝寿。因而成年人，如家中无长辈健在，“忌做 60 岁”。一般从 59 岁或 61 岁起开始办生日寿酒，届时至亲好友前往祝寿。大湾人也有给仙逝的父母做祭日和冥寿的习俗。

建房　大湾人对立房造屋很重视和讲究，有“在生一栋屋，死后一副木”之说。人的一生一死，生前要建造一栋房屋，死后要做一副棺木。因此，大湾过去立房造屋有诸多讲究。

定向　地理先生根据房主的生辰八字，用罗盘在屋主自家土地上看“风水”，择宅基地，定屋向，俗称“看屋场”。屋向一经确定，在宅基地的中央前后各打上一个木桩作为屋向标记，丝毫不能移动。如看中的宅基地是别人的，房主主动上门商量。若宅基地是岩山的，则会不惜代价地去挖掉，是池塘、洼地也得填平，叫“平地基”。

平基　又叫动土。动土这天，是地理先生择定的良辰吉日，从动土之日起要连续开挖，中途不得中断，如有特殊情况，须早晚抽空动一动土。大湾有一家办事百家帮的习惯，建房修屋是众人的事，只要主动上门讲一讲，家家户户便赶去帮忙，一个宅基地十天半月便可完成。

伐木　在山上伐木当天，须是好日好时。伐木的倒向大有讲究，堂屋两根中柱必须往上坡倒，忌往下坡倒。因此，一般请有伐木经验的人砍柱头。

偷梁　房屋中堂中柱上横架着那根木称梁木，大湾人把梁木视为主宰房屋的当家木，看得十分重要和珍贵，但又不能花钱去买，也不能让亲友赠送，须偷伐别人山上的树木。偷梁木，主要是求个吉利，祈“进财赐福”之意。梁木，通常为杉木，必须是结“籽”的，且是一颗篼上长出几棵的“鸳鸯树”，取“好事成双，家发人旺”之意。当房主看中梁木，深夜 1 点左右，邀请 4 个身强力壮的年轻男子，背着斧子，提着小口袋，上山“偷梁”。负责砍树的人找到事先确定的梁木，口中念着吉语。砍梁木树第一块木渣用口袋接住，不能掉地上。树被砍倒后，剔完树丫，掐一点树梢放进小口袋。两人则把准备好的小红包放在被砍的树墩上，红包是赠给山主的“例是（红包）”。两人抬树木，不能换肩，不能停歇，中途可以换人抬，一直抬到屋主家。屋主家放炮迎接，发偷梁人红包，筵席款待。山主发现山上的树木被人偷去做梁木后，不管价值若干，也不去追究偷伐的责任或去索价，只是一笑了之。

发墨　也需择定好吉日。发墨既是造屋的开端，也是房主与木匠达成建屋协议的一种合同方式。当日，木匠师傅准时来到屋主家，在选定的两根中柱上各弹上一根墨线，作为整栋房屋的准绳。发墨时，房主准备香纸、例事，让掌墨师祭祀鲁班，开工顺利，大吉大利。

立屋　房主早已择好的黄道吉日，风雨无阻，不得违时。立屋，先固定磉礅和地脚，后是排列。排列，又叫排扇，就是把屋瓜用串枋串联起来成为一列。一栋房屋一般是四列，房屋从中堂分左右各两列。立屋先从房屋坐向大手(左边)第一排立起，后立小手(右边)第一排，左右两列和中堂以串枋和前后的照面枋连成一体，再立大手第二列和小手第二列，以串枋和前后照面枋连成一体用挂串固定，然后上梁木和檩子。立屋结束，整个房屋的结构完成。

包梁　在梁木的正中间锉一小孔，放一点银器，七颗五色米、八片茶叶和一粒朱砂入孔内，用偷梁时带回的一块木渣补平小孔，用两支新笔和两锭新小墨，一本皇历书，以五色线捆紧，用一块约40厘米长的红布包梁，小钱固定四角，贴上写好“紫微高照”四个大字的红纸。

祭梁　房主为求阖家平安、六畜兴旺、五谷丰登、除灾避邪，会净身更衣，秉烛焚香烧纸，跪于梁木之下，口中念念有词，作揖磕头，祭拜梁木。拜毕才将梁木升到屋中堂顶上去。

立屋　（胡攀学　摄）

上梁　房主事先准备112盘猪肉，2壶酒，供上梁

杨安林民居串联固定扇面　　　　　　　　（胡攀学　摄）

的人在梁上食用。备直径10余厘米的坐梁粑12个，供木匠由梁上赐房主，做酒杯大的圆粑若干和抛梁粑，粑都染上红色。物品等份分别装入两只箩筐内，由两头梁口上的人各拉一箩吊在梁口边，等候上梁。房主在两根中柱上各捆上一根红布，给木匠搭红，中堂桌上放上稻谷一斗，猪头一个，大公鸡一只，红包一个等做木匠的例事。屋柱上贴上红对联，一般上联是"竖柱喜逢黄道日"、下联是"上梁恰遇紫微星"。中柱后面第一柱称为当家柱，左柱贴有"姜公在此"，右柱贴有"诸煞回避"。上梁吉时，屋内香火通旺，在大小炮响声中，两边屋顶上的人，缓缓将梁木拉到中柱上安好，把准备的酒肉、粑粑摆在两头梁木上。木匠慢慢登梯上屋顶，每上一步，讲几句吉语，恭贺房主。如：

天地玄元开张，日遇佳辰时良，
福德星君到此，官贵禄马临方，
福禄寿星拱照，正好工师上梁。
一升千年富贵，二升万代荣昌，
三升奇才童子，四升进宝儿郎，
五升五子登科，六升六合同春，
七升七星拱照，八升八百长春，
九升久久富贵，十升万古名扬。

木匠登上屋梁饮酒用餐后，房主面朝门外跪于堂屋正中，由两人牵着一张被单于房主背后，木匠从梁上拿着坐梁粑，一个一个地掷于被单内，每掷一个讲几句吉语：

抛梁粑粑抛向东，儿孙代代出英雄。
抛梁粑粑抛向西，不愁穿来不愁吃。
抛梁粑粑抛向南，吉泰平安合家欢。
抛梁粑粑抛向北，霞光瑞气绕住宅。

杨安林民居包梁　（胡攀学　摄）

杨安林民居上梁　（胡攀学　摄）

接着把抛梁粑往东南西北地面丢，让看热闹的人争抢，嘻嘻哈哈热热闹闹。抛梁粑撒毕，木匠沿云梯下屋，又讲吉语祝贺房主：

安好宝梁家兴隆，又将吉言贺主东。
万事如意百般顺，脚踏云梯下九重。
走下云梯一步一，主家贤良世间稀。
心想事成干大事，百年有旺又发迹。
走下云梯二步二，代代儿孙出俊杰。
耕读教子有学问，文武两教都不缺。
走下云梯三步三，福泽万代恩先沾。
勤俭持家主先占，日子越过越蜜甜。
走下云梯四步四，喜事临门正宜时。
椿萱并茂把福享，兰桂腾芳有出息。
走下云梯五步五，主家世代享鸿福。
宝贵重重传千古，名标史册传中州。
走下云梯六步六，大厦落成炳千秋。
诗礼传家为根本，年年丰收衣食足。
走下云梯七步七，三有缘法七遇机。
儿孙求学攻书卷，皇榜标姓把名题。
走下云梯八步八，八方财源进主家。
福禄寿喜命中大，周围哪个又敢踏。
走下云梯九步九，九九归一胜南都。

文武金魁行行有，不得万世把人求。

走下云梯十步十，十级到底转第一。

我将吉良恭贺你，荣华富贵般般齐。

木匠着地后贺：

事事顺意家兴发，百代昌隆是主家。

万事如意福分大，心想事成锦添花。

上梁完毕后，帮忙的人便订椽皮、上盖瓦。

装神壁　房屋立好后，请木匠加班加点地赶制。装神壁忌讳木板颠倒。神壁上装神龛，神龛是祭祀神灵和祖先的地方，体现对神灵的敬畏和对祖先的尊敬。因此，木匠装神壁是非常注意的。

开财门　财门是两扇大门的别称。做财门，不但不能颠倒木板，还要不露缝。财门打好后，未经踩财门，任何人不准从财门进出。开财门是主家为了讨吉利，大湾人也非常讲究。开财门时，要找一个能说会道又有福气的人扮财帛星。他身背褡裢和雨伞，手拿秤杆与算盘站在财门外，木匠则扮成鲁班站在堂屋里，村民内三层外三层地围着看他俩的表演。财帛星朗声吟道：

主东门前景象新，祥光瑞霭罩门庭，

青龙白虎两边护，中间高照紫微星。

接着他用手轻轻叩门：

天回地转，吉日良辰，特来进财献宝，请开财门。开门！开门！快开门！

鲁班在门内大声应道：

金斧造金门，门外是何人？

除非上界客，不得乱开门！

财帛星回道：

我是天上财帛星

……

经过一番活泼有趣的问答，鲁班师才把门闩拉开。财帛星君用手推开财门，大声吟诵：

双手推开门两扇，一扇金来

神榜　（姚祖告　摄）

一扇银。

左手开门金鸡叫，右手开门凤凰鸣。

左边门上现狮子、右边门上现麒麟。

左脚踏进千宗宝，右脚带进万斛银。

恭喜主东，贺喜主东，

开门见喜，万载兴隆！

财帛星一进屋，屋主就满面春风地迎上前来，财帛星从褡裢里取出用红纸包好的钱递给主家，谓之“进财”。主人高兴地接过这象征“月月红”的财喜，恭请财帛星和鲁班师到堂屋中摆好的一桌酒席上入座，叫“吃富贵酒”。

饮酒之前，两人同声向主东道贺：

白玉杯子晶晶亮，银筷金碗放豪光。

尽是山珍和海味，还有龙肝配凤肠。

今日饮了富贵酒，恭喜主家子孙万代荣华富贵、大吉又大昌！

主人频频举杯、向坐在上席的财帛星和鲁班师殷勤敬酒，宾欢主乐，皆大欢喜。

从这天起，就在新屋安居乐业，对新屋慢慢进行装板壁、栅楼板等装修装饰，叫坐屋修屋。

请酒　房屋落成之日，族亲友前来祝贺，有的送钱、送米、送酒，有的送彩、送匾、送对联。送神榜和送匾是有讲究的，首先是家庭成员，其次是舅父、姑父。女婿只能送抱柱对。房主设筵席款待前来的亲友们，有的办上几桌、十几桌，多的几十桌。

随着社会的发展、生活的改善，村民所住的房屋大多是砖混结构，习俗也大大简化，偷梁等习俗渐渐淡出，但定向、平基、开财门等习俗保留至今。

＊称谓礼仪

父系

父亲　俗称“爹”，也有称“伯、嗲”的，也有小孩八字大，而称“耶耶(yēyē)”或“满满”或“伯伯”等。

父亲同辈　父亲的哥哥称“伯伯”“爹爹”。父亲的弟弟称“叔叔”，排行最小的称“满满”。称其配偶为“伯妈”“大伯妈”或“大妈”“二妈”及“满娘(niāng)”等。父亲的姐姐称“姑妈”，父亲的妹妹称“娘(niāng)”，称其丈夫为“姑爷”或“姑爹”。排行最小未出嫁的妹为“小娘(niāng)”。

祖辈　祖父称为“公”，祖母称“婆”，其他祖辈按排行称“大公”“大婆”“二公”“二婆”“满公”“满婆”等。

太祖辈　太祖父称为“太公”，太祖母称“太婆”，或通称“太、太太”。

母系

母亲　称“妈”，有的因小孩八字大而称“娘(niāng)”。

母亲同辈　母亲的哥哥、弟弟称“舅”，按排行称“大舅”“二舅”，最小的称“满舅”。舅的配偶称“舅妈”“舅娘(niāng)”或“满舅娘(niāng)”。母亲的姐妹称“姨妈”或“姨娘(niāng)”，最小的妹妹称“满姨”。姨的配偶称“姨爷”或“姨爹”。

外祖辈　外祖父称“嘎公”，外祖母称“嘎婆”。其他外祖按排行称，如“大嘎公(婆)”“二嘎公(婆)”或“满嘎公(婆)”。

太外祖辈　太外祖父称为“太嘎公”，太外祖母称“太嘎婆”，或通称“太嘎嘎”。

同辈

哥　称“哥、大哥、二哥、三哥”等。

弟　称为“毛弟”，如“大毛弟、二毛弟、小毛弟”等。

姐　称为“姐、大姐、二姐……”

妹　称为“妹、大妹、二妹、小妹”等。

若双方辈分相当，男性互相称“伙计、老哥、老弟”，女性互相称姊妹。

其他

丈夫称妻子为“屋头的”或有子女的称“你妈、他妈”。

妻子称丈夫为“外头的”或有子女的称“你爹、他爹”。

老夫妻之间，则互称“老崽崽”“老巴巴”。

父母称儿子“崽”“伢崽”。

父母称女儿为“女”“姑娘”“丫头”。

称岳父母为“亲爷”“亲妈”。

丈夫称妻子的兄、弟及妻为“舅佬官”“舅佬”“舅母娘”。

妻子称丈夫的兄、弟及妻等随夫称。

姐妹间的丈夫互称“姨佬”。

兄弟间的子女，为堂兄弟、堂姐妹，按排行称哥、弟、姐、妹。

兄弟与姐、妹的子女间为“姑表”，互称“老表”，对称“表兄(弟)”“表姐(妹)”。

姐、妹的子女间为“姨老表”，互称“老表”，对称“表兄(弟)”“表姐(妹)”。

与舅舅的子女为“血老表”，互称“老表”，对称“表兄(弟)”“表姐(妹)”。

对拜寄的干爹、干妈称“寄爹、寄爷”“寄妈”。

年长者称不相识的年轻人为“老弟”或“小妹”，如身边带有小孩，就以小孩的口吻称“叔叔”或“娘娘(niāng)”。

结为异姓兄弟或姊妹，即“打老庚”，俗称“打同年”，二人之间互称“老庚”，其子女互称对方为“同年爹”“同年爷”“同年妈”。

＊生产习俗

大湾村村民以农耕为主。勤劳的大湾人在长期征服自然和改造自然的生产劳动实践中，形成了富有民族特色的生产习俗，成为悠久的民族文化。

开秧门 分为扯秧苗、插秧和喝“栽秧酒”等过程。在确定插秧的第一天，主人家先在秧田边摆供品、烧香纸祭秧神，然后下秧田扯下第一手秧苗，俗称“开秧门”，其他帮忙的村民随后下田扯秧苗。插秧时，先由一插秧能手在水田中确定横竖第一排的位置与间距，使秧苗之间形成横竖都是直行的四方形，叫“拉直行”，其他插秧村民则按直行顺序插秧。插秧期间，主人家要操办丰盛的“栽秧酒”招待帮忙插秧的村民。

接春 每年立春后，说春人身穿“春官”服，手执木刻春牛牌，走村入户，唱诵吉祥春词、报春信，将印有二十四节气、全年天气与农情预测和农业小常识的“春贴”和财神像送到农家，祝愿招财进宝、耕种合时、收成满满。接春的人家会给送春人一红包或一碗米等，表示对说春人的谢意。

撵山 新中国成立前，将专业猎人称为“撵山的”。对擅长击杀虎豹的人称“打虎匠”。猎犬，叫“撵山狗”。猎人多单独活动，以网扣、药毒、枪击、物诱等手段捕获猎物。最主要的是群体狩猎，多在隆冬进行，野羊、野猪为主要捕猎对象。进山狩猎时，大家先上香烧纸敬山神。撵山人员分工协作，对所获猎物就地分红，通常头给枪手，脚给追踪人，内脏给猎狗，其余部分按“高坡撵羊，见者有份”的规矩平分。50年代后，由于野生动物日渐减少，狩猎活动亦少。现在，国家明令禁止捕杀野生动物，这一狩猎习俗已经绝迹。

草标管山 大湾村人管理山场，是用简单朴实、约定俗成的“草标”方式管理山场。草标，即用山上的茅草，套在树枝上打一个活结，作为标记，表示山场的界限。打草标主要是打在山林分界线上，即在相距数丈远树上结一个草标，表示山林界限、走向、范围。只要打上草标，附近的村民们都会自觉遵守，相当于界桩界碑。

*传统技艺

攮粉 即制作盘子粉。攮，为方言，“摊”的意思。攮出的粉称为粉皮，俗称盘子粉。制作粉的器皿，叫粉盘，是用白铁皮做成的长方形模子，形似盘子，大约长60厘米、宽40厘米、高2厘米，因而做出的粉而称为盘子粉。

盘子粉色白透明，细腻柔软，虽不是大餐，却是大湾人逢年过节必不可少的食品，也是现在人们的早餐主食之一。无论是严冬，还是酷夏，盘子粉一直是人们餐桌上必不可少的美食。大湾村的盘子粉更是一绝。80年代后，大湾村许多村民进城经商，以攮粉为生，卖粉置业。

攮粉技艺　攮盘子粉的原料是大米或碎玉米，以大米为主。好的粉要攮得薄而均匀，要经打米浆、摊粉、晾粉三个程序。

打米浆。大米或碎玉米加水浸泡约10小时，捞出淘净。舀入石磨碾成米浆，边推石磨边加适量清水。随着各种电器普及，也可用机子打米浆。大湾人在年节和办喜事时，喜欢在米浆里掺些食用颜料，做成五颜六色的盘子粉。

摊粉。刷子沾少许菜油，将油均匀刷在粉盘里，避免米粉粘盘。但粉盘里油不能多，油过多米浆摊太薄会出现大空洞。将米浆舀入刷油的粉盘里，双手摇晃粉盘，使米浆均匀地攮在粉盘里，厚度1～2毫米。将攮有米浆的粉盘放入蒸笼或大铁锅里，大火蒸1分钟粉即蒸熟。

晾粉。粉熟后取出粉盘，将粉盘扣放在竹竿上，挑起粉的一小角，轻轻地将粉从粉盘里顺势揭下，晾在竹竿上。如此反复，攮出一张一张的盘粉子。大湾人有长时间存放盘子粉的方法，将盘子粉从一边向内卷成圆柱形，用刀切成约手指宽的粉条，均匀挂在竹竿上，晾晒成干粉。

食用方法　做法简单的盘子粉可以有多种食用方法，既可热吃，也可凉吃。热吃，又可分为煮食和炒食。

热食。是最常见的食用方法。煮食时，将粉切成粉条，宽度约1厘米，放入沸水锅中，中火煮热，漏瓢舀入碗中，像吃面条一样，在碗中加入汤、臊子和佐料，拌匀食用。如是干粉，水煮时间稍长，煮软才行。炒食时，先将粉切成条状，锅中加油，油热加入姜、蒜、辣椒炒香，根据口味增加肉和蔬菜，再加入切好的盘子粉，炒熟，添加调料等，装盘食用。炒好的盘子粉，油而不腻，入味好吃。

凉食。刚出笼的热盘子粉，切成大块，装碗，依口味配以红油、酸菜、豆芽、折耳根、蒜汁、姜、葱、醋等各种佐料，拌匀可食，其味香醇，风味独特。也可将热粉摊开，抹上调味酱，加入各种佐料，卷成卷粉，手拿着吃。其味香醇，风味独特。

蒸熟的米粉　（姚林屏　摄）

竹编　就是把竹子划成篾片或篾丝，编织各种用具和工艺品的手工艺。大湾出产的竹子种类较多，南竹、金竹、苦竹、水竹、绵竹等均有出产，资源较丰富。水竹，因其竹节长、抽条均匀、材质柔软、纤维细腻，是编织精细竹编产品的上好原材料。竹编工艺在大湾村历史悠久，有许多传统的竹编名器，也有许多工艺精湛的竹编艺人。

竹编物品　大湾竹编品种众多，用途多种多样。生产用具类竹编主要有箩筐、簸箕、米筛、糠筛、晒席、撮箕等。生活用具类竹编主要有针线篮、菜篮、斗笠、背篓、烘笼、饭篓、蒸笼、筷子篓、炕篮、花篮、筲箕等。捕捞用具类主要有鱼篓、鱼罾、鱼笼、虾筢、鱼篡(音 cuàn)等。关栏动物用具类竹编主要有鸡笼、鸭笼、猪笼、野鸡笼、画眉笼等。

有的竹编品种因划的篾不同，其名称就不同。如箩筐，篾片编的叫“皮箩”，用于挑装精细的粮食物品，篾丝编的叫“丝箩”。有的竹编品种因规格形状不同，其名称用途就不同。如背篓，背小孩的叫花背篓，大些打猪草用的叫猪菜背篓，更大用于背柴草的叫柴背篓等。

竹编制作　竹编制作的工具主要有锯子、篾刀、刮刀等。篾刀，用于破竹、划篾以及削、砍等。刮刀，用于将篾片或篾丝刮光滑和厚薄均匀，以及刮竹子表面的绿色表皮等。划篾的步骤为选料、破竹、划篾等。划篾，是竹编最基本最重要的程序，这是竹编的基础。

选料要选择长得正直、节子长，竹龄在三年以上的老竹子。根据编制品的种类，筹备竹料。锯平竹子两头用篾刀横着削平竹节部的竹节疤。根据编织需要，刮去竹子表皮的青皮，称为“刮青”。刮青时要从竹根部往梢部刮，才不会刮损坏竹篾层。

破竹，首先用劈刀将竹子从正中向下用力劈成两半，再劈破成大竹片，继而劈成适当的小篾条。其间，要用刀把竹子的内节削平。然后，按照竹编器物的需要，平分宽度。最后，去掉竹篾条内层质地较脆的那部分。

划篾，即将竹子加工成篾片或丝。根据所要编的用具需要，将起黄后的篾条划出多层薄篾片，手艺精湛的工匠可划出 6 至 8 层篾。划篾很需技巧，手和刀要成一条线，双手用力要均衡。如要划成篾丝，就在薄篾片的基础上划篾丝。划出的竹篾，以刮去青皮后的第一层篾，即“青篾”为最好、最为柔软细腻，有韧性，多用来编精细用品，及用于编物件的关键部位和锁边等，使其结实耐用。不论是划薄篾片还是划细篾丝，一定要厚薄一致、粗细均匀。然后，就是刮篾，用刮刀将片或丝刮光滑和厚薄均匀，或刮成圆篾等。为了防虫蛀、防生霉，还要煮篾，将划好的篾放在锅中煮透后，捞出晾干待用。

编织，竹编的编织方法很多，有垂直经纬编、六角六方编、转角立体编、回旋还原编等等。以经纬编织法为主，并充分交叉利用疏、偏、插、穿、锁、扎、套等多种编织技法，千变万化，创新花样。

打草鞋 草鞋是用稻草、麻等为材料编织的鞋子。编织草鞋，俗称“打草鞋”，是大湾人的一项传统技艺。过去，大湾人物资贫乏，男女老少中，不少人一年四季都常穿草鞋。草鞋既经济实用又轻便防滑，无论是天晴、下雨，还是冰雪天都能穿。布鞋的成本较高，耗时长，村民一般舍不得在生产劳动时穿。所以，大湾的成年人基本上都会打草鞋，纵然有个别不会打的，也不用买，常以互换劳力的方式，找寨邻帮助打草鞋。

打草鞋的材料主要是稻草和麻等，或在稻草里掺一些旧布条，打出的草鞋更结实耐用。打的草鞋多是自给自足，有的也打草鞋在赶场时售卖，换购日常生活用品。打草鞋常用的工具有草鞋耙子、腰弓、木槌。技艺熟练的老匠人不用什么工具，一根木棍当草鞋耙子，一根绳子拴在腰上当腰弓，坐在草地上，双脚伸直蹬着牵有草绳的棍子，就可打草鞋了。

打草鞋主要有三个步骤：捶草搓绳、编织鞋底、修整穿耳。

捶草搓绳　稻草去掉叶片和结谷粒的梢端，在水里稍稍浸泡，用圆木锤将其捶软备用。若用麻编草鞋，稻草不用泡湿捶软。捶稻草时，不要用力过大，草捶烂后易断。用部分稻草，搓一根搓绳，作为打草鞋用的筋，即经线。绳约筷子粗，1.6 ~ 1.8 米长。

编织鞋底　把草鞋耙固定在长木凳的一头，人坐在长凳的另一头，再把做草鞋经线的草绳折成双股，将回折的一头挂在腰弓上，把草绳绷直，就开始编织。首先，编好草鞋鼻子，即草鞋头。把分出的两股绳在鞋耙子的齿上绕回来，形成四股，然后编织船形的鞋底，最后编草鞋跟。编打的过程中，双手将捶软的稻草单股搓紧作为纬线，绕着四股经线，从左至右、又从右至左地上下翻折重叠，左右来回地编，一股一股地打上去。在鞋底打到适当的位置时，将稻草搓成细绳，做成草鞋的耳子，或安上用细麻绳做的草鞋耳子，每只鞋底左右两边各 2 个。共 4 个 (或 4 组) 耳子，并按脚板的形状适时收缩鞋底的宽窄。在开始收鞋后跟时，要将经线先由四股变为两股，最后合为一股，用纬线缠绕成约 5 厘米的圆柱状鞋后跟。不论是鞋鼻子、两边的鞋耳子或鞋后跟，都要做有穿绳子的环扣。

修整穿耳　草鞋底打好后，取下在石头及木墩上用木槌轻轻敲软，用剪刀将稻草头、毛边等稍作修剪整理。将鞋后跟向上扳直立、鞋鼻子扳直后向内卷弯，用细绳将鞋鼻子、鞋耳子和鞋后跟穿起来，成为鞋帮、鞋带，便可穿了。

雕刻　大湾常见的雕刻主要是木雕和竹雕。

木雕　普遍用于大湾村的木房建筑的檐、栏、门、窗和各种家具的装饰。技法有浮雕、镂空雕、圆雕、阴雕阳刻等多种。图案主要为人物、祥云、花草、竹木、虫鱼、鸟兽。

竹雕　竹雕工艺品主要有箫笛、鸟笼、烟杆、拐杖等。图案主要为文字、山水、竹木、鱼虫、鸟兽、龙凤。大湾村以箫笛雕刻工艺为最。铜鼓塘吴继红是其中翘楚，从事箫笛制作多年，技艺精湛，现任玉屏县箫笛厂厂长，带领周边村民学习箫笛制作。

烧炭　在大湾，烧炭一般在秋冬时节，多是一家一户地自烧自用，规模不大。烧炭的方法有烧闷窑和烧拱窑等。通常采取烧闷窑炭的较多，烧闷窑从挖窑到烧窑，其规模小且相对简单容易些，需要一天时间。

烧炭的工具有砍柴刀、铁铲、铲锄、挑炭的箩筐或炭架等。烧闷窑炭，有挖窑、砍柴等多个步骤。

挖窑　即烧炭的窑子。通常选择在宽敞的地方，在平地上挖一个上大下小，形似铁锅的圆窑坑。炭窑的大小不定，一般窑口直径约 1.5 米、深约 1.2 米。挖窑大约耗时半天。

砍柴　烧炭的材料为生木柴，最好是麻栎木、青杠木、羊角木等质地硬性的木柴，烧出的炭硬实、耐烧。将木柴砍成长度为 60 ~ 70 厘米，直径 10 厘米左右。木柴太粗，不易烧透，烧出的炭烟头多。料质松软的木柴放一边，硬性的麻栗木、青杠木、羊角木柴放一边。

垒窑　先在窑坑里烧一些松软易燃的木柴。半天过后，窑坑里面燃的火炭有 50 ~ 60 厘米厚时，再平铺一层生木柴。在上面立着架放两层硬性的麻栗木、青杠木、羊角木类木柴，堆成圆锥形状，高出地面 60 ~ 80 厘米。这一过程，俗称“垒窑”。

闷窑　割一些长的芭茅草，将圆锥形的柴堆严密地围一圈，铲厚草皮压盖在芭茅草上，将草皮压实，使其不漏气。到收工前，在窑子顶部留一个烟囱的位置，即为“闷窑”。“闷窑”的时间为一晚上。闷窑的目的，是使木柴在缺乏氧气的情况下不完全燃烧，通过高温干馏炭化。闷窑关键是留烟囱。烟囱口过大，进入窑内的空气充足，木柴会完全燃烧。烟囱口过小，有两种情况，一种是窑内氧气不足，木柴没有完全炭化，烟头多；一种是烧到一半，窑内中途缺氧熄火，木柴没有燃烧，需要开窑重烧。

逼窑　第二天进行，历时两天时间。闷窑一晚上，木柴已干馏炭化好，封烟囱，称为“逼窑”。封烟囱前，要观察烟囱口，若烟囱口冒白烟，说明烟囱口周围的草上面没有汽水珠了，可用草皮把烟囱口封盖住；若烟囱口未冒白烟，说明烟囱口周围的草上面还有汽水珠，要等到能封时，再封烟囱逼窑。

逼窑两天后，即可揭开草皮取出木炭。窑子里上面立着的为干馏炭化木炭，基本保持了木柴的原有形状，炭表面略有些白灰，炭质硬实耐烧、质量好，俗称“钢炭”。窑子底部的木炭为燃烧过的碎炭粒，炭质疏松不硬，易熄不耐烧，俗称“泡炭、秤炭子”。一般的圆炭窑，一次烧出的炭约有五挑，一半是碎炭，一半是钢炭。

＊民俗信仰

敬观音 大湾敬观音活动多在观音菩萨生日举行，据说农历三月十九日、六月十九日、九月十九日分别是观音菩萨出生、成道及出家的日子。当日，村民们会置办糖果等物朝山进香，供奉神佛、虔诚祈祷、祈福免灾，事后还愿。

祭祖敬神 大湾人堂屋都设有供奉祖先的神龛，屋外有土地。逢农历初一、十五日，村民摆净茶、烧香纸。逢年过节，以酒肉、糖果、油茶供奉，敬奉财神、四官神、五谷神、灶神、土地神等，感谢先祖、神灵赐予和保佑福禄寿禧、衣食住行。

拜寄 大湾人取名时，需请人测八字，如遇金、木、水、火、土“五行”不全，就要用“拜寄”的方法来填补。除拜寄别人认寄爹、寄妈外，水井、古树、石崖等都是拜寄的对象。有的通过取名来补缺，缺什么补什么。有的则特意另取“狗”“牛”小名，贱喊贱养。

禁忌 立春后第五个戊日忌动土；打扫阳尘日忌属犬；六十岁生日忌祝寿；父母健在，晚辈忌办生日酒；正月初一忌打扫室内外卫生、倒垃圾，忌讲不吉利语；初五日忌竖屋；行亲走戚时忌打主人家的狗；住宅周围忌种桑树；男性忌摸头，女性忌摸腰；夫妻拌嘴忌互相挑短；与人交流忌带不礼貌词语；给客人倒茶时忌斟满杯；乘船坐车忌“翻”“沿”“撞”之类词语；赴宴时，有长者同桌年轻人忌食鸡头；有慢性病之人忌食母猪肉；六月六忌食鸡、鸭和苦瓜；未婚男女忌食猪脚叉；忌晚辈直呼长辈姓名；吃饭时忌用筷子敲碗；饮酒时忌杯子倒扣桌子上；忌用椿木做堂屋门槛；忌外人坐主人家的门槛；进苕窖和播种苕种忌饮酒；婚嫁日忌择单日，婚嫁礼品忌单数；忌同姓人结婚；婚礼上马灯或蜡烛不能熄灭；新娘进新郎家时忌踩门槛；孝服人家忌贴红联、红字画；忌亡者死在床上；忌猫狗从灵柩或尸体上跳过；忌眼泪掉在亡者身上；忌孝子戴孝串门；孝子在成服期内忌食荤腥。

侗族文化

大湾村侗、汉民族杂居数百年，侗族文化与汉族文化深度融合，民族文化的差异性在岁月的历史长河中磨平了棱角，留存于生产生活习俗中的文化记忆，既有侗家特色，也有汉族韵味。与其说是侗族特色文化，不如说是大湾村特色文化。

*赶 坳

由来 自明朝朱元璋开疆扩土数十万大军进入中国西南之后，玉屏的军、政、商、旅过往较为频繁，出现汉楚侗苗文化大融合，产生了具有民族特色的侗族文化——唱歌赶坳。赶坳原是玉屏大湾人民避离交通要道、约期到深山路口进行的一种以物易物的交易活动。随着社会经济的发展，转变为会亲访友、男女青年追求自由婚姻的方式。大湾人最善于用唱歌来表达自己的想法。因此，赶坳传统歌会慢慢演变成大湾人的一种传统习俗。

坳场 即开展赶坳活动的地方，是大湾青年结识朋友、谈情说爱以及老年人斗画眉、娱乐、社交的场所。通常设在风景优美、空气清新、宽敞荫凉的山坳处，所以称为坳场。

2014 年 8 月，青树坳赶坳　（杨　锋　摄）

大湾人常去的坳场，多与该村相邻，分布在与大湾村接壤的皂角坪街道、湖南省凉伞镇、镇远县石宝塘等地，主要有禾梨坳、尖坡坳、冲首溪坳、烂泥坳、楠木坳、大草坪坳、娅叉坳、灯草坳等，以禾梨坳、尖坡坳、冲首溪坳、烂泥坳、楠木坳较为有名。最为热闹的属平溪街道铁家溪村的禾梨坳，本县和邻县方圆数十里的男女青年身着盛装成群结队前往，赶坳的人达数千人。大湾村没有固定坳场，较近的是冲首溪坳。青树坳场地处半山坡上，南北贯通，通风性好，东北两面山坡多树木，坳间平坦，是赶坳的绝佳场所。

赶坳日期 大湾人主要赶禾梨坳、尖坡坳、冲首溪坳、烂泥坳、楠木坳等。赶坳日期各不相同。禾梨坳赶四大土王戊日(即立春、立夏、立秋、立冬前的第十八天)，尖坡坳赶九月初九日，冲首溪坳赶八月十五日，烂泥坳赶立夏日，楠木坳赶五月十五日。其中，最重要的坳期为“四大土王戊”日。过去老人有“头戊敬天、二戊敬地、三戊敬阳春、四戊敬自己”的说法。因此按其旧俗，在大戊之日，不能动土、动锄镰，正好聚集赶坳唱歌会友。当周边有举办赶坳民俗活动时，大湾人也会组队参加活动，如玉屏侗族自治县十周年庆、二十周年庆等活动。

赶坳活动 每次赶坳为时一天，各有其固定的地点，多在比较平坦的山坳上，便于青年们聚会对歌，以及小贩们设摊架锅供应饮食茶水。赶坳最主要的活动就是对歌、斗牛、赛马，还有中老年人最喜爱的斗画眉，各坳场的活动内容各有侧重。

赶坳日，方圆数十里的村民就像过节一样。姑娘们特意地收拾打扮，打着花伞赶往坳场。男青年身着盛装，前往坳场寻找对歌的对象。歌词内容有古歌、盘歌和情歌。整个对歌过程，可分为上坳歌、借带歌、朋友歌、下坳歌等。

对歌开始，先唱上坳歌。一般都是歌喉圆润、声音清脆的男青年边唱上坳歌，边物色对歌对象，选择好以后，再以歌代言，邀请姑娘对歌。姑娘若有意，就把伞打开，接歌对唱，先唱“问姓氏歌”，互相了解有无姻亲血缘关系。假如没打开伞，那就表示不同意，男青年就离开邀别的姑娘对歌。

互问姓名后，男方就可以唱借带歌。借带，即男方向女方“借”东西，又叫“分花”“借把凭”，这是向女方示爱的方式。女方可以通过山歌提问，让男方回答，以了解他的才学、智慧和真实感情。若女方对男方有意，就将随身携带的手帕、手镯、带子一类的东西交给男方作为信物，这类信物就叫“把凭”“带”“花”。反之，若女方无意，就用山歌婉言谢绝。

男方得到女方的把凭后，双方就算是结成朋友，开始唱朋友歌，以进一步接触，培养感情。赶坳结束时，双方唱“下坳歌”“分离歌”，依依惜别，并约定下次见面的地点和日期。他们再次聚会，叫“玩山”，双方进一步增进了解。若情投意合，双方便可确定爱情关系，以至结成终身伴侣。如果感情不顺，就将把凭退还女方，以示绝情。但绝情并不一定绝交，到女方出嫁那天，男方还要赶去唱伴嫁歌，并赠送一床铺盖作为纪念。

在赶坳对歌中，水平较高的男女歌手，还要诵“垒”。“垒”也叫白语，穿插在对歌中，这种“垒”字数、句数不定，比喻生动，语调悠扬，可淋漓尽致地表达出双方爱慕之情，且又含蓄有味，具有较高的文学价值。

赶坳除对歌外，还有赛马、斗画眉和物资交换等活动，可吸引成千上万的群众参加，热闹非凡。大湾人居住在大山，远离城镇，交通不便，与外界交流沟通困难，赶坳给人们提供了易物购货的契机。每逢赶坳这天，商贩会抓住这一大好商机，早早地在坳场摆摊设点。售卖的物品十分丰富，有小型日用百货，还有各种饮食，以卖小吃的最多。

随着时代发展、社会进步，一些传统的习俗随着时代的变化而转变。赶坳，除对歌、斗画眉仍保留传统的习俗外，斗牛、赛马活动基本绝迹。赶坳对歌也不再只是男女青年谈情说爱，而是举行传统庆典活动的一种娱乐方式。近年来，大湾人在对歌、斗画眉等民俗活动的基础上，加入侗族歌舞表演，再融入篮球、拔河、斗鸡、下象棋等比赛活动，热闹非凡。

⋆罐罐油茶

罐罐油茶，又名黑茶，是大湾村民特别喜爱的饮食，也是招待客人的传统特色佳品。因用陶砂罐煨煮油茶而得名。其味苦凉回甘、清香可口、醒脑提神，有祛湿热、防感冒、治腹泻的功效。

名字由来 罐罐油茶顾名思义，是因其制作器皿和制作原材料而得名。“罐罐”指由陶砂制成的陶罐，是熬制罐罐油茶的器皿，大湾方言称之为“罐罐”。“油茶”是制作罐罐油茶的原料，“油”指由玉屏特产茶籽榨出的植物油，“茶”则指由茶叶树上的老叶制成的茶叶。油与茶两者炒出香味后，倒入罐罐中熬汤，盛出时搭配其他佐料，大湾的特色佳肴罐罐油茶就制成了。

制作 罐罐油茶的主要原材料有阴米、茶叶、猪油和茶油等，配料有辣椒、生姜、大蒜、葱、黄豆、白画眉豆、花生米等，添加食材有糯米粑、灰碱粑、嫩玉米等。罐罐油茶制作分为前期准备、茶汤熬制、主食添加三个阶段。

前期准备　需要提前制作阴米和茶叶，制作当天则要炒阴米和准备辅料。

阴米制作：是在每年秋收后。根据需要量，将新收的糯米淘净，浸泡两三个小时，沥出用木甑蒸熟，加拌少许热熟的茶油。一般 5 公斤糯米加 0.25 公斤茶油。拌好的糯米在摊晒席或门板上晾晒，慢慢阴干，待米粒成粒状不粘黏，糯米饭粒即为阴米。

茶叶制作是在清明节前后，因当时的茶叶最好。将采摘的老茶叶放入盆中，清水浸泡、洗净，捞出在摊晒席或门板上晾干，盛入土陶罐内，加入适量甜酒曲，密封严实让其沤发半个月左右。茶叶变黑、表面长出白霉，即可。

炒阴米。一般是茶汤熬制前完成。将适量的菜籽油或茶油放入锅中，待油温升高后，将储存的阴米倒入锅中，炒成白黄色的米花，捞出备用即可。

辅料通常在炒阴米后准备。主要将花生米、白画眉豆、黄豆等辅料用茶油分别炒至熟香，出锅备用。

茶汤熬制　是最为关键的阶段。在锅里多放猪油，根据食用人数的多少取出沤

制作罐罐油茶　　　　（杨　锋　摄）

制好的茶叶，加入锅中煎炒。边炒边用锅铲捣碎茶叶，当茶叶散发出清香味时，加入适量的水、食盐、生姜粒、蒜粒等，盛入陶罐内，置于火上煮开成香浓的油茶汤水。生活条件改善后，熬汤不再用水，而是用提前熬好的土鸡汤，其味道更加鲜美。

主食添加　早期的主食，主要是当地农产品，如刚成熟的红薯、嫩玉米、洋芋等。随着生活水平的不断提高，主食选择更加多样化、精细化，常用黏米、糯米做成粑粑，尤其喜欢将灰碱粑作为主食。将灰碱粑、糯米粑或嫩玉米等主食放入铁锅，煮熟后捞出，放入油茶汤水中煮一会儿。在碗里放入适量的炒米花、炒花生、炒黄豆和炒白画眉豆等佐料，从陶罐中的油茶汤水舀出沸腾喷香的主食，加入碗里，撒些许葱花、辣椒等佐料，油而不腻，色、香、味俱全的大湾罐罐油茶制作完成。

食用方法 吃罐罐油茶也有讲究。旧时，罐罐油茶的传统吃法是用一根竹签挑着吃，后来演变成用一双筷子吃。人们在火铺上或堂屋桌子上围坐，由主人操作端送。首先第一碗要端给上宾或长者，以表尊敬。待在场的每人都接到主人呈上的一碗，还不能够马上吃，要等待主人说声“敬请”，这时才能吃，以表尊重。吃完一碗后，如不想再吃，双手横拿筷子，对先吃完的道一声“得罪”，对还没吃完的道一声“慢吃”，把筷子放在桌子上，作为不再吃的意思。如还想吃，就把筷子横放在碗上，主人就主动给客人继续添加。

随着生活水平的提高，制作罐罐油茶工艺得到了传承和发展，其味道更加香醇，形成一道大湾的特色美食。2009 年 9 月 30 日，贵州省人民政府公布罐罐油茶制作技艺列入贵州省第三批非物质文化遗产名录。

✻侗 酒

酒，是大湾村人一种常备饮品，有“无酒不成礼”“无酒不成席”之说。古时因山区森林茂密，湿气重，多山瘴，酒可以祛湿驱瘴，加之狩猎围兽，酒可壮胆，于是村里人形成了喝酒的习惯。大湾水质优良，粮食优质，燃料充足，烤制出来的酒味道纯正、醇香爽口。大湾人遇酒必歌，酒与歌相伴相生，由此衍生出了许多的酒规酒礼和丰富多样的酒歌。村中常常是歌声、笑声、喝彩声交织在一起，显得异常热烈。大湾村人喝酒必歌习俗延续至今。

侗酒类别 大湾的侗酒主要有烧酒、甜酒、苦酒。烧酒是大湾常备的侗酒，按其酿制的原料不同，有籼米酒、糯米酒、高粱酒、苞谷酒、麦子酒、苕酒等。在大湾，米酒最为常见，红薯酒次之。烧酒多用于酒席间饮用，甜酒和苦酒则在劳作之余或来客进屋后以酒代水解渴之用。

侗酒制作

烧酒 也称水酒。一般在农历九月烤制，一来这时节农作物已收，二来大湾人制酒经验表明九月酿酒出酒多、酒质好。

制作烧酒的原料有大米、糯米、高粱、玉米、麦子、红薯等粮食以及烧酒曲。先将制酒原料用水淘洗干净，放入锅内煮熟。制作苕酒时，红薯需切成块，加适量谷壳或米糠作辅料，以免煮熟的原料黏成团。煮料时，注意翻动，以免粘锅煮煳。从锅里舀出煮熟的原料，摊晾竹篾席上，待熟料冷却至30℃左右时，加入烧酒曲拌和均匀，装入大土缸等容器，密封保温发酵。一般是50公斤原料，加0.5公斤烧酒曲，可产酒40 ~ 45公斤左右。发酵时间越长烤制的酒就越醇香。发酵时间的长短，根据季节而定，一般需7 ~ 10天。待酒胚发酵成酒糟并溢出酒香味后，可上甑烧烤(蒸馏)，这一过程叫烤酒。烤酒时，将发酵好的酒糟舀进灶上的大锅里，上面覆盖酒甑，酒甑内正中悬置一竹枧，接向酒甑外。酒甑上安放一口大铁锅，称为“天锅”，天锅底部中心正对竹枧。将天锅里盛满冷水，酒甑连接灶锅处。天锅连接酒甑处周围要密封严实，不能漏气。烧火加热，通过不断加热把酒糟中的酒精、水等蒸发为蒸汽，蒸发出来的蒸汽上升至天锅底部被冷却后，凝结成蒸馏水，滴到竹枧里，通过竹枧的管子向外引流进酒坛，烧酒即成。因热酒挥发性大，插入管子的酒坛要用帕子盖好。在烤酒过程中，适时换天锅水，即把锅里的热水舀出来，换入冷水，这样才能使酒水来得匀、来得好。

大湾烤酒一般是烤“三锅水”为宜，就是将天锅里的水换三次。第一锅水烤出的酒称“头锅烧”，度数高，酒性最浓烈。第二锅水烤出的为上等酒。第三锅水烤出的酒，酒力醇度略低。三锅水之后接的尾子酒一般不再饮用，通常用来酿醋食用。有的人家把烤制出来的酒重新回锅再烤，烤制出来的这种酒叫夹缸酒。酒香更浓，度数更高，饮三杯后就会醉倒，又叫“三杯倒”。

烤酒　　（姚祖告　摄）

烤酒时，一要把握好火候，就是灶里柴火要烧大，火力要均匀，不能太猛，否则会把灶上锅里的酒糟烧煳，使蒸馏出来的酒也带有煳味，从而影响酒质；二要注意安全，不要随便打开放置在灶边接酒的酒坛，热酒挥发性强，极易见火燃烧，以防烧伤人甚至发生火灾事故。

甜酒　是大湾男女老少都非常喜爱的佐食，家家都会做。逢年过节、婚庆喜事时、妇女生小孩坐月子时、栽秧打谷农忙时等时节都要做甜酒。甜酒酿子，即甜酒液，也是侗家做菜必用的好调料。

酿制甜酒的主要原料为糯米，也可用玉米、高粱、小米、麦子等。先将糯米（或其他粮食主料）洗净，用水浸泡 2 个小时左右，捞出稍微沥干，上甑蒸 40 ~ 50 分钟。糯米蒸熟后，倒在簸箕（或筛子）上摊开，晾到温度降至 30℃左右，加入适量的甜酒曲，搅拌均匀，制成甜酒胚子。如搅拌时感觉温度偏高，可适当喷洒些凉开水。甜酒曲的用量，根据季节不同有所增减，一般 10 克酒曲，夏天可做 2.5 ~ 3 公斤的糯米，冬天只能做 2 ~ 2.5 公斤的糯米。把甜酒胚子放进缸或盆、钵里，甜酒胚子表面压实，中间挖一个小坑，密封后放进一大容器中，盖上布、旧棉衣、蓑衣棕垫，在缸或盆、钵周围塞上干稻草等，使之保暖发酵。夏秋时节 3 ~ 5 天，冬春时节 5 ~ 7 天，缸或盆、钵中间的小坑充满酒汁，甜酒即酿成。甜酒成品装到坛罐里，密封置于阴凉干燥处，可存放半年以上。在甜酒制作过程中，一切器皿都不能沾油污，否则会发霉长毛变坏。

制作酒胚　　（姚林屏　摄）

苦酒　也叫醪糟酒。制作基本与甜酒相同，只是酒曲放得稍多、发酵时间更长，酒香更浓。待发酵成熟后，将酒糟与酿子一起舀出，用凉水冲化，即可食用。其酒饮之味甘中略苦、入口平和、后劲稍大，有较浓的白酒味，能解渴提神。大湾人外出劳作，常带上饮用。

侗家酒俗　大湾人，不仅家家酿酒，而且人人饮酒。以酒养身驱寒，以酒待客交友，以酒抒情叙旧。节日喜庆操办宴席必以庆贺助兴，有“事事不离酒，酒伴事事行”“无酒不成礼”“无酒不成席”之说，形成独具特色的饮酒习俗。

大湾人的酒宴种类较多。新生儿出生要办三朝酒、满月酒、周岁酒，结婚嫁娶要办定亲酒、花筵酒、红喜酒，建房乔迁要办竖屋酒、乔迁酒，老人生日、去世要办祝寿酒、白喜酒，栽秧要办栽秧酒等。各种酒宴的性质不同，其酒礼习俗形式也不同。

大湾人饮酒坐席的座次也很讲究。席次的座位按照座席人的身份、年龄、辈分来决定。席位分为上席、次席和侧席。如中堂靠神龛的一方为上席，上席对面为次席，上席两边为侧席。若是婚庆、白喜、建房等大酒席，客人众多，以正堂为上席靠神龛为上位，相对为次位，两边为侧位。坐席时，长辈和尊贵的客人坐上席。每桌客人按辈分高低、年龄长幼分别坐上位、次位、侧位。客人入席时，总会相互谦让一番，方肯入席就座。

大湾人酒俗在不同的场合、不同的酒宴，体现不同的饮酒礼仪形式，饮酒的形式有邀酒、敬酒、交杯酒、猜拳酒、行令酒、团圆酒等。饮酒的方式不同，规矩不同。一席间，邀酒、敬酒、团圆酒绝不可少，其他饮酒方式由场合气氛决定。

邀酒，一席人落座，每人斟满酒，由主人或主陪者作祝酒词开场，大家共饮三杯，叫“三杯不出门”。酒过三巡后，开始喝敬酒。

敬酒，就是人们向认为最先该敬酒人的敬酒。传统的敬酒，敬酒者双手捧着自己的酒杯到客人面前，客人起身相迎，敬酒人说完敬酒话或唱敬酒歌后，客人双手不能碰酒杯，只能用嘴喝干。然后，收回杯子斟满酒与对方换杯并共饮，再斟满酒与对方一起共饮喝清，换杯归原位。然后面面俱到，人人见面，喝一轮见面酒。互敬酒的过程中，如遇人不需敬酒者，那就交换杯子同饮两杯并换回杯子。

见面酒喝圆满了，接下来就喝顺酒，由主持人安排左顺或右顺各一杯（或两杯）。

喝顺酒就是喝酒者把酒喝清后先别放下杯子，要看发起人的杯子怎么放，顺酒发起人的杯子方向怎么放，其他人就怎么放。否则就错位了，按酒规，就要喝一杯罚酒。顺酒过后喝同心酒。

团圆酒，是在小型酒席，大湾人通过划拳、行酒令调节氛围，旨在让对方多饮几杯酒。划拳，也叫猜拳，是侗族酒俗的重要内容。猜拳的形式很多，最常见的有议红拳、闭眼拳。议红拳分为三大红，即白子红、七红、九红。各拳都有行拳和规则，双方猜拳，输者罚酒。行令，行令常见的主要有三种：手法令、捡口令和配令。各令均有规则，输者罚酒。酒斟满后，共同举杯，一饮而尽。如果酒兴正浓 ，还未尽兴，接下来就猜拳行令，继续喝酒，喝到尽兴为止。

* 民俗活动

养画眉 因画眉鸟鸣叫声音清脆、悠扬动听，旧时大湾人有养鸟的习俗。一般笼养画眉都选择雄性，因为雄性善鸣好斗，也有少数人养雌鸟作为雄性的陪伴。雄性画眉分为斗打鸟和观赏鸟两种。

2014 年，村民观赏画眉（姚祖告 摄）

画眉分为窝雀、子雀、山毛（或半山毛）、老雀几种。窝雀、子雀抗病力低，需注意防病治病，易服笼。山毛（或半山毛）、老雀性情野、好打斗，服笼慢。无论是选观赏鸟或打斗鸟，均看鸟的形象和技能。形象包括相貌（头形、眼水、毛衣、眉花、喙形等）和体形（身胚、站相、跳相、尾形、腿脚等）两个方面，这是鉴别画眉优劣的主要依据。技能主要表现在鸣叫巧口和打斗功夫上。鸣叫的选择要素是“二甜”（堂音高、有共鸣）、“三啭”（音色甜美圆润、富有感染力）、“四节奏”（啭口快、不叫老三声）。打斗技能看眼睛反应的灵敏度和实际打斗的技巧，技巧有老鹰抓小鸡、放脚筋、山猫吹喇叭、炸雷封顶。

驯育和饲养，首先要选择安静、通风、阳光不直射的地方放置。其次，要经常给画眉洗澡（要注意水的温度），保持它的清洁卫生，增强鸟羽的光泽，缓和鸟的情绪，并预防疾病。其三，就是十天半月把画眉提上山，挂在有野鸟或画眉特别是有雌画眉出没的地方，给笼养画眉自我表现、自我陶醉、自我满足的机会，既可收敛野性，又可提性。其四，要精制饲养画眉的饲料。饲养画眉的主饲料俗称蛋米，用 500 克大米（也有用小米、糯米的）置于锅内炒至微黄，待冷至微温时，用鸡蛋黄（也有用鸭蛋的）放于米中，加入适量的牛肉、鸡肉、狗肉等粉末（又称料子），拌匀。置于锅内炒干的，叫炒蛋米。置于阳光下晒干的，叫晒蛋米。置于碗内在火旁烤干的，叫烤蛋米。置于锅内蒸后晾干的，叫蒸蛋米。制作方法和掺什么“料子”，取决于饲养者的爱好和画眉的生活习惯。蛋米不能完全满足鸟体对动物蛋白的需求，因此，要给画眉喂一些辅助饲料，如蚱蜢、口袋虫、花蜘蛛、土狗崽、蟋蟀、面包虫等。在一年一届的换季时节(40 天左右)，鸟体特别需要营养，尽可能地喂些牛肉、瘦猪肉，使它吸收更多的动物蛋白，以促进换毛顺利完成。

斗画眉 又叫“斗雀”“斗鸟”。画眉，即画眉鸟，又称虎鹩。雄鸟领域性和群落感强，性凶好斗。大湾村民们就是利用野生动物捍卫领地、群落而争雄斗胜的天性，使其相互打斗，比出强弱。斗画眉时，先将两只画眉笼笼门相对地紧挨一起，而后揭开笼罩，两只鸟都以为对方闯入了自己的领地，便会“愤怒”地驱逐对方。两只鸟互相扑腾着把头、爪伸到对方笼里，挥尖嘴，舞利爪，或啄或抓地隔笼打斗起来，双方奋力拼杀，直到将对方击败为止。有时这样“隔笼相争”难分高低，还会进行“过笼打斗”。“过笼打斗”就是将两鸟笼的笼门都提起来，让两鸟同笼而战。没有笼门的阻隔，两只鸟在笼里跳跃、翻滚、拍翅、扑撞，从一个笼打到另一个笼，难解难分。一对能战善斗、旗鼓相当的画眉要打斗上三四十分钟，有的直打到其主人心疼用棍棒等物强行地将它们分开为止。

随着国家对野生动物的保护政策出台，养画眉和斗画眉的习俗逐渐淡化。

2014 年 8 月，斗画眉现场　　（杨　锋　摄）

2014 年，隔笼斗画眉　　（杨　锋　摄）

赛马　马，是山区大湾人的重要帮手。大湾村寨，山高坡陡路远，一些笨重的生产生活资料等，人力挑抬极其困难，就靠马来驮运。因而大湾人爱马、惜马。大湾村没有专门的赛马场地，赛马一般是在传统的民族民间歌会“赶坳”时的坳场举行。坳场赛马与体育运动的竞赛类赛马不同，大湾赛马主要是养马爱好者聚集在一起，以鉴赏为目的进行评马赏马活动。赛马时，养马人将各自心爱的马带到赛场，让马在赛道上跑跑，看看马的速度与耐力，或者时而牵马在马场里遛遛，欣赏马的品相与体质。众人观赏评价，看哪匹马力气大、耐力强，谁的马长得好、养得棒，交流养马的心得与经验，等等。赛马场是山区马匹较集中的场所，坳场赛马的活力吸引了买马人和卖马人，不少的马匹交易在这里进行。因而，赛马场也是相马经纪人最活跃的地方。随着社会的进步，道路交通大大改善，出行或驮运物资的马匹已经被现代交通工具代替，几乎没有人再养马，赛马这一活动基本绝迹。

*语　言

侗语

大湾村侗族的语言，属侗语北部方言第二土语，无侗语文字。明朝以后，汉族和其他民族人员进入，随着相互通婚和社交往来，侗族语言互相影响、互相融合。改革开放以后，大湾会说侗语的村民越来越少，现在只有个别古稀老人能说少许单词。根据调查走访，了解到个别年长者懂得的一些侗语单词，列举如下。

大湾村侗语单词选列表

表 6

类型	汉语	侗语	汉语拼音
生活用语	吃饭	间欧	jiān ǒu
	吃菜	间妈	jiān mā
	喝酒	雨拷	yú kuào
	我	摇	yáo
	你	纳	ná
	他	卯	mǎo
	头	交	jiāo
	手	压	yá
	脚	更	gèn
生活生产用具	碗	堆	duì
	脸盆	盆拉	pěnnā
	脸帕	帕拉	pá nā
	犁	该	gāi
	耙	八	bā
	房子	安	àn
	门	多	duō
	板壁	蔡	cài

续表 6

类型	汉语	侗语	汉语拼音
动物	鱼	多大	duō dà
	虾	多虐	duō nüè
	螃蟹	刚盖	gāng gāi
	牛	多夺	duō duǒ
	羊	多地	duō dì
	鸡	多盖	duō gaì

方言 大湾村方言大体与玉屏方言相似，一些汉字、词汇的发音上，仍带有侗语的特点，尾声高亢，与新晃侗族自治县方言较为接近。声母中“n”均读“l”，如“难”“南”读“兰”；部分“hu”发音“f”，如“会”读作“费”，“花”“华”读作“发”，“欢”读“反”。部分平舌音发成翘舌音，声调有所变化，如“做”“作”读“住”。此外，还存在一些非汉非侗的方言，如猪肉叫“嘎嘎”，地点叫“遇口”，糊涂叫“盎唱”，大木槌叫“响子”，小木槌叫“忙槌”，拳头叫“锭子”，石头叫“挨头”等。

*侗　歌

侗寨无处不飞歌，大湾村民歌千百年来口口相传、代代相承。生活劳作、红白喜事，都以歌声表达情意。

大湾村的侗歌旋律较为独特，音域一般比较宽广，音程跳跃的幅度较大，多具开怀抒情、嘹亮悠扬的特色。山歌有七字句和长短句两种句式。七字句，为每句7字，每首4句，多则不限。歌词多运用比兴手法，通俗形象；曲调自然流畅，风格朴实。长短句，即1句、3句7字，2句、4句11字，每首4句。歌词注重情味，曲调婉转悠扬，抒情味浓。大湾侗歌中，婚嫁歌、酒歌占的比例大，是人们最喜爱的歌。

婚嫁歌　哭嫁是大湾村的姑娘出嫁前必有的一道婚俗程序。侗家哭嫁的嫁歌，就像唱山歌、酒歌一样，是按一定音律、带有哭腔的真情咏唱，是边哭边诉的歌。嫁歌又主要分伴嫁歌和出嫁歌。

伴嫁歌　即姑娘出嫁前与女友女眷们对哭对唱的嫁歌。

风吹桂花喷喷香，今夜新人坐歌堂；
大家赶来陪嫁娘，莫要害羞不开腔；
都是姊妹朝朝见，唱好唱撇都不嫌；
剪花你要看花样，唱歌就要人不慌；
着慌多半不会唱，会唱多半不着慌。

园中牡丹已长成，要到他乡去扎根；
去到人家莫任性，勤快贤惠做好人；
孝敬公婆放心上，敬重叔伯要认真；
妯娌和睦像姊妹，夫妻相爱敬如宾；
热茶热饭待他人，冷水锅巴你慢吞；
有事无事要早起，免得寨邻笑话人；
家里无水多挑担，哪有活路累死人；

是非闲言莫参嘴，不要乱去得罪人；

不图名声图安静，和人就才好为人。

今晚陪你坐一阵，

明早送妹出闺门，

劝妹莫想过去事，

越想越哭越伤心。

出嫁歌　根据哭嫁对象不同，有哭父母、哭哥嫂、哭伯叔、哭姐妹、哭辞祖宗等。根据时间不同，有梳妆歌、送嫁歌、哭上轿等。

哭爹娘：

我娘哭我泪流滴，三天六夜饭没吃，

为我出嫁打主意，奔波劳碌心着急。

爹娘爱我似心肝，养我到今十八年；

不知我有哪点错，狠心逐我出家园。

我的爹呀我的娘，盘儿养女苦吃不完。

可惜我是女儿身，敬养二老都不沾边。

我今喝了离爹酒，养育之恩能几时还。

我今吃了离娘饭，女儿与爹娘要分散。

娘哭女：

我的女儿我的心，你到婆家要细心；

只能甜酒加得糖，不能雪上再加霜；

别人讲话大声音，你讲话要轻点声；

金盆打水清又清，你的脾气娘最明；

铜盆打水黄又黄，你的脾气要改光；

亲生爹娘不要紧，公婆面前莫由性。

哭姊妹：

妹是花园金丝雀，姊妹相伴好快活；

如今放到婆家去，好比牛崽穿鼻索；

金雀入笼难展翅，牛穿鼻索苦难多。

茶油点灯灯花新，今夜姐妹难离分；

明天花轿抬姐去，家里姊妹泪淋淋。

哭兄弟：

哥呀弟呀姊妹些，往日欢笑在一起

挨到哥哥十八年，笋子长在竹子边；

哥哥疼妹十八年，如今笋子扳断苂；

往日哥妹形不离，哥哥给妹当马骑；

如今哥哥没负担，丢下妹我好凄惨。

姐妹对哭唱：

姐：杪椤树，杪椤花，我们同根又同丫；

　　明朝姊妹要分离，离开绣楼无人理。

妹：杪椤树，杪椤花，我们同爹又同妈；

　　明朝姐妹要离开，难舍难分情还在。

姐：杪椤树来台对台，我姐心里难宽怀；

　　丢你妹妹婆家去，逢年过节又才来。

妹：杪椤树来台对台，望姐心里多宽怀，

　　多承姐姐把妹待，姐的教诲记心怀。

梳妆歌：

一更金鸡叫欧欧，高点明灯妹梳头；

左边梳个盘龙笈，右边梳个插花头；

二更金鸡叫叽叽，高点明灯妹穿衣；

上面穿件红棉袄，下面穿的毛笔叽；
三更金鸡叫排排，高点明灯妹穿鞋；
左边穿来右边绕，右边穿到左边来；
四更金鸡叫天明，哥哥背妹见房门；
双脚踩到轿杆上，一把筷子两边分。

送嫁歌：
这杯酒来新又新，我女出嫁娘痛心。
十月怀胎盘大你，不分左右不离身。
这杯酒来清又清，美美貌貌桃山春；
孝敬公婆天地大，敬重丈夫海样深。
这杯酒来满敦敦，妯娌和顺家不分；
倘若妯娌闹矛盾，家丑莫要传外人。
这杯酒来亮晶晶，我儿不要争名分；
家有黄金不为富，全家和顺值千金。

哭上轿：
只见花轿有一抬，敲锣打鼓走得快；
往年花轿门口过，这回咋个对直来；
前头锣鼓叫起劲，后头唢呐好伤情；
红漆轿杆花轿门，看见花帘不见人；
这顶花轿抬不得，女儿离娘心悲切；
上了轿子放下帘，就像把我关进圈。

酒歌 就是喝酒时所唱的歌。大湾村结婚办婚酒、生小孩时要办三朝酒、小孩满周岁要办周岁酒、嫁姑娘要办花筵酒、过生日要办祝寿酒、起屋要办竖屋酒、过春节要办年酒等，喝酒不离歌，喜庆酒席上，祝贺的人们在桌席上一边喝酒一边吟唱。大湾人热情好客，贵客来临，迎上火铺，吃饭喝酒，主人唱着酒歌，邀请客人品尝侗家美酒。人们根据不同的事件及不同的场景，用歌词抒发内心的情感。

新婚祝酒　新婚喜庆中的酒歌名目繁多。大湾喜酒三天，酒席中，不同身份的人都要一一祝颂。三天后，还有客辞主人、主送客人、辞别等。

主人：

凤凰展翅到寒门，
佳期好日如同紫阳从东升；
诗书少读无礼信，
首请喜尊包瞒遮盖少人情。

客人：

银壶筛酒酒清清，
你唱酒歌好声音，
歌声好比铜铃响，
赛过唢呐和胡琴。
唱得深山虎抬头，
唱得海里龙翻身，
麻雀难同岩鹰比，
嘴笨难陪聪明人。
银壶筛酒清又清，
新郎才学本惊人，
高山打鼓名声大，
海里栽花根也深，
句句唱得龙现爪，
声声唱得凤凰鸣。
这杯喜酒清又清，
贵客唱歌好声音，
洞箫胡琴比不上，
迎来四方听歌人。

祝贺：

我赠新郎几句话，
男女结合她爱你来你爱她。

夫妻面前莫说假，
真心实意共同把家搞发达。

送宾：

送客一步在堂前，
鞭炮连响把客送，
众亲六戚两边排，
招呼不到望海涵。
送客二步到门边，
礼信不周客莫嫌，
众亲为我好事转，
没得哪样来酬填。
送客三步出大门，
听得阳雀在催春，
阳雀催春五月转，
众亲也要离我们。
送客四步过阳沟，
家亲内戚情莫丢，
今朝万一要回转，
我也不便紧紧留。
送客五步转过弯，
客你走路要耐烦，
稀泥烂路不好走，
路越难走情越甜。

祝寿酒歌　大湾人的祝寿也独具侗乡风情。席间，只要主人有开场白，客人的祝贺歌接踵而至。

主人：

三亲六戚各朋友，
蓬荜生辉简慢来客我害羞。
席欠佳肴喝寡酒，

望请遮盖空口道谢把情酬。

客人：

千里迢迢早闻信，

主家今日喜庆诞辰贺寿星。

玉石板凳坐得稳，

将言祝颂命长两个期颐龄。

客人：

这杯寿酒清又清，

今日是我明公生，

奉敬明公一盏酒，

祝愿寿长永康宁。

三朝酒歌　大湾人添丁，三朝酒席通宵达旦，歌声不断。

主人：

满嘎婆一路受寒冷，

翻坡架岭大驾光临望外孙；

托您鸿福汤饼庆，

厚礼载重不辞苦辛登寒门。

嘎婆：麟趾呈祥百年喜，

嘎婆家寒当众一堂人生低；

遮羞礼薄免过意，

两手空空登门作个贺喜揖。

客人：

春风杨柳千重线，

百鸟争鸣初绽桃李正芳妍；

汤饼筵开朝阳艳，

宾朋满座共同席间贺良言。

竖屋酒歌　建屋是人生大事，亲朋好友前来庆贺，以酒歌恭喜屋主。

日出东方喜洋洋，

恭贺主东立华堂。

二十四根金银柱，
四十八块银片枋。
屋上盖起琉璃瓦，
地面采用玉石镶。
前厅对着大屋面，
左右厢房站两旁。

孝歌 又称丧堂歌，曲艺中的一种在灵堂上演唱。出殡前一两天晚上，挽歌郎(又称歌师傅)在孝家的诚邀下，到灵前击鼓唱孝歌。歌唱的内容多为表达哀思之情，叙述死者生平，还唱《封神》《三国》《水浒》等，有的还唱有天文地理、历史掌故、世态万象，无所不唱，当然不吉利和骂人、影射的唱词是不允许的，也常常因围观者甚众，常常见景生情，现炒现卖，看到什么便唱什么。挽歌郎演唱时，以鼓点击节拍，且击且歌，间以道白，有独唱独白，也有对唱对白，曲调凄楚哀婉，以歌当哭，若泣若诉。唱歌有请歌、接歌、对歌、盘歌从晚一直唱到天明送歌为止。

开场白

今当大事，众皆悲伤，满堂孝眷，珠泪汪汪。
歌郎到此，开个歌场，超度亡魂，早升天堂。

开头语

一张桌子四四方，张良设计鲁班装。
四角安下鸳鸯榫，中央焚起三炷香。
一炷烧往天堂去，它去天堂通玉皇。
二炷烧往地府去，它去地府通阎王。
三炷烧往淮安去，它去淮安请歌郎。
来到孝堂丧鼓敲，孝子灵前把泪抛。
亡者生前仁义好，死后人人都来朝。
堂中停柩开大吊，族众亲朋把棺绕。

叹人母十月怀胎

今天不把别言记，人母怀胎表一程。
母亲怀儿一月零，头闷眼花少精神。

胃口不好食难饮，坐卧不宁受苦辛。
母亲怀儿二月天，恶心呕吐不好眠。
腰酸腿软行不便，看见油腻头发晕。
母亲怀儿三月中，无精打采睡蒙眬。
每天只想贪瞌睡，心中忧闷难形容。
母亲怀儿四月整，饮食饭量慢慢增。
想吃水果酸辣味，又思零食口内吞。
母亲怀儿五月周，儿在母腹有眉目。
是男是女有动静，一边欢喜一边愁。
喜得胎儿六月忙，行走不便苦难当。
只盼孩儿快成长，早出娘怀快临床。
千辛万苦把儿带，传宗接代一炉香。
母亲怀儿七月完，儿在腹中现人前。
操持家务身沉重，面黄肌瘦变容颜。
母亲怀儿八月足，为娘心内更加愁。
上坡下坎难行动，恐防跌倒一命休。
是男是女早降世，免得母亲少担忧。
母亲怀儿九月满，走路行程更艰难。
挑水打菜实难做，洗浆缝补人更烦。
有的母亲脚手肿，起床坐卧不安然。
母亲怀儿十月整，只隔阎君纸一层。
父在一旁慌无主，急忙四处请医生。
花些钱财去住院，只盼孩儿早降生。
焚香秉烛去许愿，保佑母子得平安。
孩子顺利生下地，父母才得放宽心。
父将孩儿视珠宝，母把孩为掌上珍。
一尺五寸娘盘起，母亲此后忙不停。
这是母亲怀胎事，你看是假还是真。
儿女应把父母敬，不枉世上来为人。

我把歌言这样记，你看合情不合情。
奉劝世人得细想，应当要报父母恩。
劬劳恩情若不报，枉来世上走一程。
若凡儿女不孝敬，看你伤心不伤心。
我歌打落鼓边下，哪位仁兄续下文……

⁎ 侗族服饰

中华人民共和国成立前，大湾村的服饰多是自耕、自纺、自织、自染、自绣、自缝而成。布料主要原材料是当地种植的棉、麻。家家户户都有纺车、木机，纺织的布叫家机布，俗称土布。通过再加工，染成深蓝、浅蓝和黑色布料。自制布料结实耐磨，不易褪色，不仅可缝制衣裤，还可制成床单和被子。大湾的服饰，从老人到小孩、男女各有不同。

男性服饰 上了年纪的男性老人一般穿右衽短便衣或长衫，抄腰裤。衣颈滚边、无领，布扣或铜扣。头包 1~2 米长的蓝色布帕或戴布帽。布帽，有单帽、棉帽，俗称窝窝帽。身系腰带。为劳动行走方便，穿长衫者，衣下摆扎入腰带。有的穿长筒布袜不缠裹腿；也有的不穿布袜，喜包裹腿。春冬时节，大多数老年人穿布鞋、布袜及棉鞋。雪雨天穿牛皮钉鞋，夏、秋喜穿稻草鞋。

中青年和少年男性，身穿对襟短便衣，缀有荷包 3 个，上一下二，有领，钉布扣 5 至 7 颗。抄腰裤，裤腿比老年人的略小。中、青年头包青蓝布大帕，帕的两端有流苏。包扎时，将帕的一端垂至左耳边。身系布腰带，有长有短。小腿缠裹脚，春冬穿布鞋，夏秋穿草鞋，外出戴细棕丝斗笠。走亲戚、赶坳玩山、对歌会女友时，则穿细麻草鞋。吸烟者，腰别短烟杆，烟斗、烟嘴系铜铸制。

女性服饰 老年、中年妇女，发绾成鬏，簪于脑后，卡以发梳，头戴花，配耳环、手镯。均着齐膝右衽便衣，衣袖齐手颈。抄腰裤，裤腿大，如同衣袖，衣颈滚边，无领，钉布扣或铜扣。衣领、胸腕、衣脚、袖口和左右衣摆及其裤脚，均用挑绣花边或用线蓝细布镶边。花边、布边，交错使用，有上下宽中间窄的，也有中间宽上下窄的。袖口配活动式的挑花袖套，走亲做客、赶坳玩山才用，平时放置。穿绣花攀尖鞋，以彩色细布（客布）作鞋面，用红、蓝、绿、黄丝线在鞋面绣各种花卉及鸟、虫、鱼之类的图案，形象逼真。胸前系绣花围腰，系于腰背，身材苗条矫健。围腰带有纯白和挑花两种，宽二三指。在家或外出头搭挑花布帕，以防发染尘，讲究卫生。

成年姑娘梳流海儿，扎独辫，系红头绳，卡以发梳，头戴花，配耳环、手镯。年轻媳妇与中年妇女类似。年轻媳妇及成年姑娘的衣服比老中年妇女短，有领，钉布扣，抄腰裤，其余类似。

年轻者喜戴细篾棕丝斗篷，一防日晒雨淋，二则讲究漂亮。流传有大湾民歌：

细篾斗篷顶顶高，

白布带子花围腰，

姐是哪家龙凤女，

为何喊你你不朝。

这首民歌，不仅反映出大湾姑娘在穿戴上的美，也反映出青年男女们对爱情的追求。

儿童服饰 1岁的小孩衣无领无扣，只钉小布条系之，穿无腰开裆裤。2至5岁的小孩衣有领有扣，穿开裆背带裤，或封裆背带裤。头戴狮子帽、鱼尾帽，帽子前额钉玉制或银制“十八罗汉”和银制“寿星老者”，帽后装饰银制响铃6至8个，有菱形、圆形、八角形，左右帽绊为银片、玉片，上刻龙、凤、麒麟、花鸟图案。颈挂项链和百家锁，手戴银镯，脚戴银圈，穿花鞋、花袜及猫头鞋。一两岁的胸前系口水兜，防衣湿衣脏。

中华人民共和国成立后，随着生产生活水平的提高，家庭织布逐渐减少，男女衣料以卡其布为主，平布、呢料次之，衣色多为灰、蓝、黄色。20世纪60—80年代，大湾村民穿着与汉族服饰基本相似。至改革开放前，凭布票供应布料，色彩和样式单调，民族服饰极少，男子中山装、解放服与女子春秋衫盛行，穿纱袜、胶底鞋或解放鞋。改革开放后，特别是90年代后，衣着款式多样，花色品种繁多，亦有妇女烫发穿连衣裙、高跟鞋，已完全与现在相同，加之不再种植棉花、青麻等原料，年轻人不会使用自制纺车和织布机，大湾村民传统的侗族服饰成为历史。

村落保护与发展

大湾村是玉屏侗族自治县最有特色的侗族文化村寨之一，保存着不同时期修建的传统民居，文化底蕴深厚。村落地形以低山为主，地貌为喀斯特地貌，村内的原始地形地貌保存至今。民居错落有致，为木质结构传统建筑，院落与吊脚楼灵活组合，是典型的侗族村落。

*保护规划

2014 年 11 月 17 日，大湾村列入第三批中国传统村落名录。2015 年，为保护大湾村侗族少数民族村落的历史文化遗产，保护传统村落特色风貌与自然人文景观，指导大湾传统村落保护与建设事业协调发展，玉屏侗族自治县住房和城乡建设局委托铜仁市城乡规划勘测设计研究院，对大湾村进行传统村落保护规划和发展规划，编制《玉屏侗族自治县新店乡大湾村传统村落保护与发展规划（2015—2030）》。规划的期限为 2015—2030 年。

规划目标　分近期规划目标和远期规划目标。

近期规划目标（2015—2018 年）　制定保护整治对策，使村落的整体格局得到

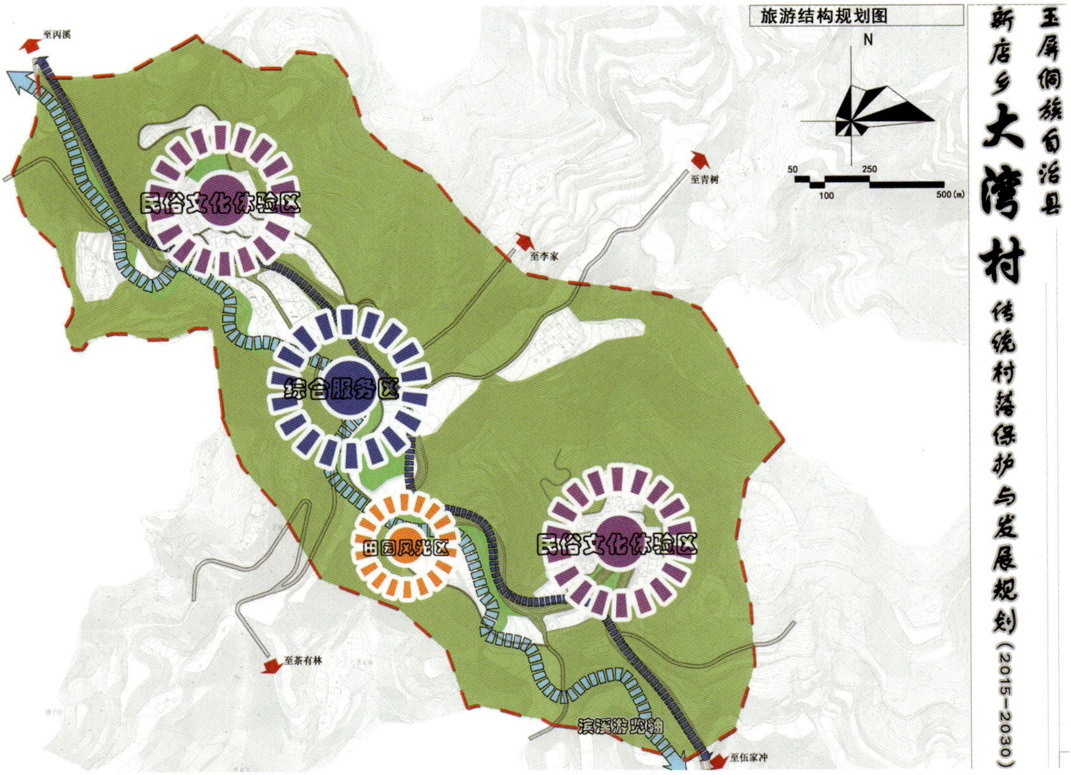

大湾村旅游结构规划图

延续和控制、传统建筑得到有效修缮和保护，村巷风貌得到整治，周边环境与村落相协调，实现传统村落整体、真实、可持续的保护与活态传承。梳理村落价值特色及非物质文化遗产，采取保护传承措施，并初见成效。村落内防火措施、基础设施、居住条件和环境景观得到逐步改善。村寨种植业、养殖业以及观光旅游业初见成效，产业发展得到有效引导，村民收入逐步增加。

远期规划目标（2019—2030 年） 村内防火措施、基础设施、居住条件得到明显改善，进一步发现挖掘非物质文化，使之得到更好的传承。村落内传统建筑、田园风光、河流水体等景观元素形成。

规划范围 主要包括大湾村（新寨、大湾组）建设用地范围，以及包括村落周边的部分田地和自然山体、水域等。规划用地总面积约为 41.35 公顷。对村落采用分等级方式进行保护，划分为核心保护区、建设控制地带、环境协调区。

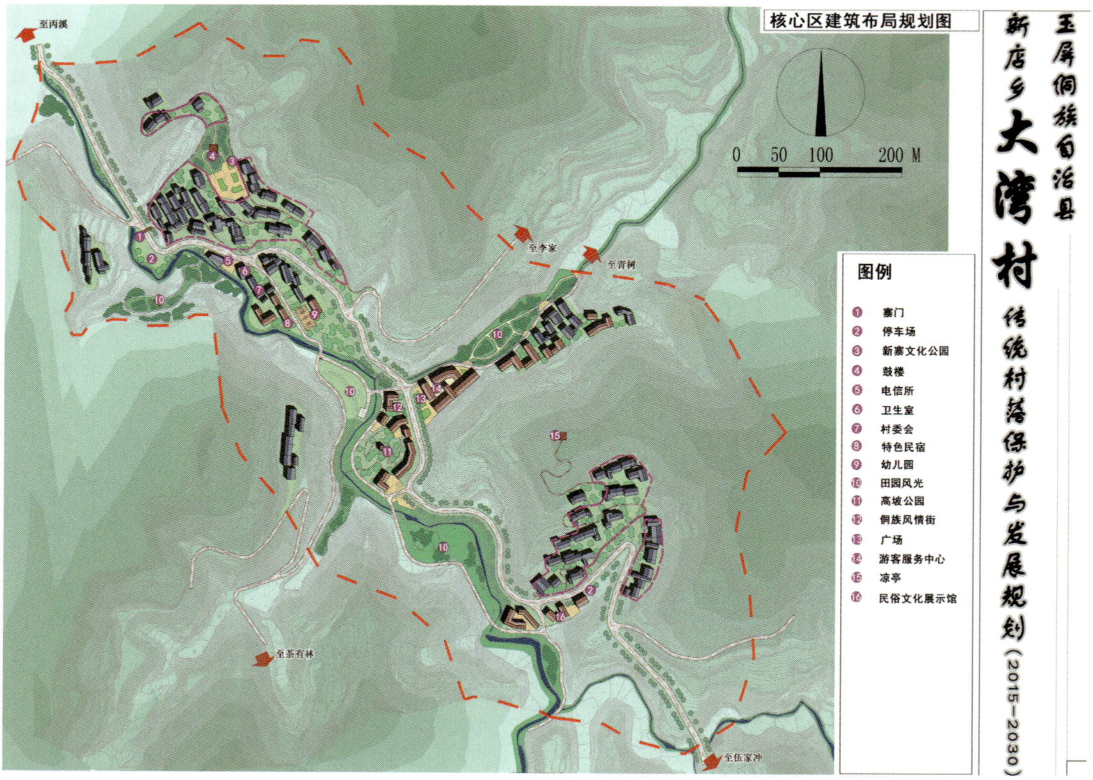

大湾村核心区建筑布局规划图

大湾村保护区分区指标表

表 7

保护分区	范围	面积（公顷）
核心保护范围	村落历史建筑集中连片的区域（主要是新寨、大湾组）	3.8
建设控制地带	核心保护区之外的建设用地	4.9
环境协调区	除核心保护区和建设控制地带以外的山头自然林带和农田菜地、大湾村落附近的山体、田园及其他绿化区域及核心保护区及建设控制地带外围 100 ～ 300 米的范围	32.9

保护对象　主要是村落内及其周围的物质文化遗产和非物质文化遗产。

大湾村传统村落规划保护对象一览表

表 8

大类	保护内容分类	具体保护对象
物质文化遗产	山水格局	村寨周边狮子岩、独高坡等自然山体
		周边自然村所辖基本农田
		周边山体林地
	历史水系	丙溪一级支流
	历史街巷	街巷建筑风貌、石板铺地、景观要素
	历史建筑	干栏式民居
		土地神位
	优秀传统风貌建筑	反映古村特色传统风貌民居近 50 处
	历史环境要素	古树名树
		石墙
		古井
		石磨
		古河道
		火铺
非物质文化遗产	民俗文化	传统婚嫁、传统祭祀、赶坳（吹民乐、斗画眉等）
	曲艺	传统鼓锣队、傩戏
	特色小吃	竹筒饭、社饭、农家米饭
	手工艺	雕刻、竹编、刺绣

⁎村落整体风貌保护

村落景观环境保护 大湾村三面环山，绿树蔽荫，村落的建筑大部分依山而建，构筑了自然与人文融合村落景观。大湾始终将地形地貌、田园风光、自然生态作为村落景观保护重点。在地形地貌方面，村落地形以低山为主，地貌为喀斯特地貌，村内的原始地形地貌仍保存至今。在田园乡土景观方面，规划区域内的农田、巷道、建筑物等人文景观与周围的山势、植被等自然景观保护较为完好，田、山、水、寨之间相互交融、和谐统一，形成了大湾独特的自然生态景观。在自然生态方面，整体保护自然环境形式，制定完善《大湾村规民约》，周边山坡经封山育林后，村民们自觉减少毁林开垦破坏生态行为，维护大湾美好生态环境。规划区内坚持农业和旅游业为主要发展方向，杜绝污染产业落户，村内生态得到有效保护。

传统空间格局保护 大湾村位于山间谷地，村落依山而建，整体布局随形就势，整个村落掩映在群山之中，若隐若现，民居错落有致，空间院落灵活组合，村落布局特征体现了大湾村先人尊重自然、融于自然的朴实“空间观”。在大湾村的发展进程中，尤为注重传统村落和乡村特色风貌的保护。按照发展规划，保护村落布局、肌理，建筑的新建、更替，街巷道路建设、景观环境整治等建设活动，均须符合村落整体空间布局，以维持乡村的特色风貌。因村制宜开展道路、庭院、隙地绿化美化，结合周围的地形地貌及当地风俗习惯，加强村落田园风光的保护，保持农田生机。注意保护建筑和山田关系以及建筑与建筑之间的关系，从而保持着变化丰富的空间、幽静的巷道、融洽的交往空间，使整个古村落充满宁静而和谐的氛围。2017年，对村落内的古树名木及时挂牌，标明树木编号、树名、学名、科名、树龄(价值、意义)、保护级别、特性、挂牌时间、养护责任人等内容，保护村落内的古树名木。鼓励村民自行在院内栽植花草等绿化植物，路旁种植适合的景观树林，以美化村寨环境。

⁎传统民居保护

规划保护措施 根据《玉屏侗族自治县新店乡大湾村传统村落保护与发展规划（2015—2030）》，对大湾村内的传统建筑物依据具有的价值程度、建筑风貌、建筑质量等内容，采取保护改善、保留修缮、整治改造三种措施。

对于少数价值较高、建造历史时间长、具有典型侗族特色的传统建筑，以保护改善为主。不改变建筑外立面原有的特征和基本材料，按照原有特征，使用相同材料进行修复，可见部分使用旧木料、旧石料、旧砖瓦，按照其原始状态，做到修旧如故。对于原有构件存在的不安全因素，增添、更换少量构件，改善受力状况，保障房屋安全。

对大多数保存较好的木质结构传统建筑，采取保留修缮措施，只在局部进行修旧如故的修缮。保留原始风貌，对于少数建筑，改动建筑立面，采用传统的手法和材料，力求做到原汁原味。墙体材料采用传统木结构，色彩采用原木色或褐色系，保持整体协调。对于质量较好，立面完整，没有破坏传统风貌材料的建筑，维持现状，适当进行除虫、清洁，加强日常维护与监管，出现损坏情况及时修缮加固。

对于少数主体结构大部分损坏、与传统风貌不和谐的建筑，进行整治改造。根据其历史价值、重要程度、损害程度等因素，采用遗址保护或原样修复方式来整治改造。按照形式，使用原有的建筑材料，最大限度地接近历史原貌。建筑内部设施和空间布局可以根据使用需求做相应改动。

门窗开设以大湾传统建筑风格为原则，与立面比例相协调，木材、窗上图案遵循传统样式，屋顶宜采用双坡或单坡的灰瓦屋顶。历史建筑、传统建筑保持其原高度不变。核心保护区的建筑高度控制在 6 米（两层）以下；建设控制带的新建建筑高度控制在 12 米（四层）以下，不得遮挡后面的建筑。

危房改造 2009 年 6 月，新店乡成立农村危房改造工作领导小组，按照玉屏侗族自治县农村危房改造工程领导小组办公室工作要求，开始农村危房改造。2010 年，大湾村危房改造 2 户，低保户、困难房各 1 户，均为分散重建木房。

2016 年开始，大湾村进行危房改造，根据房屋情况和危房等级，由县级财政资金适当补助，保障大湾群众住房安全。2016 年，全村享受危房改造政策 69 户，投入改造资金 54.2 万元，覆盖所有村民组，主要解决建档立卡户、困难户的住房保障。改造一级危房 5 户、二级危房 15 户、三级危房 49 户，每户享受最低改造补助金额 0.2 万元，最高可享受 3.5 万元。

2017 年，全村享受危房改造政策 9 户，投入改造资金 17.5 万元，受益人群主要是低保户和建档立卡户、困难户。除大田组、团田组外，其余村民组均有 1 至 2 户享受改造政策，其中改造一级危房 2 户，二级危房 7 户。2018 年，全村有 3 户享受改造政策，投入 3.9 万元。

2016—2018 年大湾村危房改造情况表

表 9

村民组	2016 年		2017 年		2018 年	
	户数（户）	投入资金（万元）	户数(户)	投入资金（万元）	户数（户）	投入资金（万元）
大田组	5	4.1	0	0	1	0.2
大湾组	9	7.1	2	5		
洞上组	6	6.7	1	1.5		
老寨组	5	3.9	1	1.5		
龙田组	14	9.3	1	1.5		
青树组	3	4.8	1	3.5	1	3.5
铜鼓塘组	10	6.5	1	1.5	1	0.2
团田组	9	5.9	0	0		
新寨组	8	5.9	2	3		
合计	69	54.2	9	17.5	3	3.9

房屋维修 2017 年，大湾村实施“四改一维一化”工程，进行房屋维修 226 户，投入资金约 228.38 万元，对部分民居进行庭院绿化，所有的民居统一贴了窗户纸。

房屋安全鉴定 2017—2018 年，玉屏侗族自治县住房和城乡建设局聘请第三方公司，分批对大湾村房屋进行了鉴定检测，均为安全住房。

*非物质文化遗产保护

非遗名录和传承人申报 玉屏侗族自治县深入挖掘大湾村饮食、歌舞、民族活动等非物质文化遗产资源，申报纳入非物质文化遗产保护名录。2007 年 5 月 29 日，“玉屏赶坳”被列为贵州省第二批非物质文化遗产名录，2009 年 9 月 30 日玉屏罐罐油茶制作技艺列入贵州省第三批非物质文化遗产名录。按照非物质文化遗产传承人保护认定标准，认定玉屏罐罐油茶制作技艺市级代表性传承人 1 人、县级代表性传承人 4 人，赶坳是群体性、包容性项目，没有代表性传承人。2015 年，铜鼓塘组吴继红被列为第四批贵州省非物质文化遗产项目玉屏箫笛制作技艺传承人。持续推进少数民族传统手工艺保护传承基地化、规模化和产业化建设，申报省级少数民族传统手工艺传习所，玉屏县敦烈罐罐油茶餐饮有限公司、大湾雅鹿酒坊分别于 2019 年、2020 年被贵州省民宗委、贵州省文联命名为少数民族传统手工艺传习所，促进民族传统手工艺持续发展。

非遗保障机制建立 2010 年 5 月 28 日，经贵州省第十一届人民代表大会常务委员会第十五次会议批准，《玉屏侗族自治县非物质文化遗产保护条例》自 2010 年 8 月 1 日施行，为罐罐油茶制作技艺、赶坳、侗族服饰等非物质文化遗产保护提供法律保障。2019 年 1 月 17 日，设立玉屏侗族自治县文化遗产保护中心，成立以县政府分管副县长任组长、相关职能部门负责人为成员的非物质文化遗产工作领导小组，为保护非物质文化遗产提供组织保障。2010 年 11 月 7 日，玉屏侗族自治县侗学研究会成立，每年刊发《玉屏侗学画报》1 期，先后整理出版《玉屏侗族文化》《侗族文化图谱》等侗文化资料，形成一批侗学研究成果。

非遗传承推介 2014 年 12 月，玉屏侗族自治县教育局组织编写的《侗乡玉屏》出版，将侗歌、山歌、酒歌、吉语、侗家迎宾舞等纳入地方课教学内容，供小学、初中、高中三个学段的学生使用，让民族民间文化进校园、进课堂。2015 年 9 月，在新店寄宿制学校建设侗族文化陈列室，收藏侗族人民生产生活物品 500 多件。2016 年，在新店寄宿制学校开发侗族山歌课程，创新侗族文化传承和保护形式。主编完成《玉屏侗文化》《侗族山歌酒歌集》《龙灯吉语集》《玉屏非物质文化遗产概览》等书籍，为了解传承侗族文化留下珍贵的文字资料。2012 年开始，拍摄制作《跟着小霞学侗语》侗语教学片，传承侗族文化。与黎平县，湖南通道侗族自治县、芷江侗族自治县、新晃侗族自治县，广西三江侗族自治县等三省(区)六县广播电视台联合开办《全国侗语新闻联播》，2015 年 5 月 1 日正式开播，每半月播出一期，通过侗语播音的方式，传承、推广侗族语言文化。2020 年 4 月 19 日，湖南省主播邓鑫在大湾村直播，介绍侗家山歌、酿酒、罐罐油茶等侗族传统文化。

民俗传承活动　玉屏支持鼓励开展传统文化习俗传承活动，历次县庆活动均有丰富多彩的民俗表演。同时，通过举办“箫笛艺术节”“桃花节”等具有民族特色的文化展演及体育活动，借助“赶坳”、六月六、九月九、春季“插秧节”等传统民间习俗活动，弘扬和传承侗族民间文化。2013 年 10 月 13 日，玉屏恢复举办首届玉屏赶坳文化艺术节。

大湾民俗传承

民俗传承　大湾以本土文化为依托，多维度挖掘保护侗族文化内涵。通过组建村民酒歌队、山歌队、北侗文化纪念品生产队、长号队、画眉协会等，将当地文化进行有效展示和传承。

长号表演　（姚林屏　摄）

1991 年 4 月 30 日，由湘黔边区的村民自行相约在玉屏县城举办湘黔边区第五次画眉比赛，大湾与铁家溪、干山坡、丙溪以及湖南新晃、天堂、凉伞、禾曼、晃城、黄雷的画眉爱好者百余笼参加角逐。

2014 年，大湾村热爱山歌的侗族男女自发成立大湾村山歌协会，发展会员 14 人，只要有赶坳活动都会参加，充分展示大湾民族文化魅力。同年，成立大湾村画眉协会，

2014 年，大湾村山歌暨画眉协会成立仪式　　（姚祖告　摄）

为画眉爱好者提供组织保障。

2017 年 8 月 9—14 日，县文体广电旅游局旅游产业发展中心对大湾村山歌协会及部分小学生等 30 余人进行侗歌专题培训。

民俗活动　据不完全统计，2013—2020 年大湾村组队参加赶坳等民俗活动 13 次，组织开展民俗活动 4 次。

2008 年 9 月 30 日，在大湾村活动室及大湾小学，举办大湾村首届民族民俗文化节暨民族小学落成典礼。开展拔河、篮球、斗画眉比赛，展示纺线、织布、打草鞋等侗族工艺，展演上刀山、下火海、吞瓦片、吞钢钉等侗族绝技，并为民族小学揭牌。

2014 年 8 月 8 日，农历七月十三，在青树坳举办大湾村山歌暨画眉协会成立仪式。大湾人齐聚于山坳，用舞蹈、唱歌、长号等表演，庆祝两个协会的成立。同时举办山歌、画眉比赛。

2018 年 2 月 12 日，在大湾村文化主题广场开展“迎新春、庆脱贫”民俗体育活动。活动以侗家拦门酒、长号表演开场，展现侗族文化的特色和侗乡人民淳朴的风土人情。各个村寨及邻县的 61 支山歌代表队进行山歌比赛，以歌会友，弘扬侗族传统文化。

同时还有篮球、拔河等比赛分区域进行，展示“醉美侗寨”的民族魅力。

2019 年 2 月 4 日，大年三十，在大湾村文化广场上，新寨组、团田组、老寨组村民自筹经费，齐聚一堂，共庆新年。一边做着美味佳肴，一边唱着山歌和流行歌曲。下午 5 点，村民围坐在 23 桌团圆家宴边，吃着美食，畅叙离家在外的思念和感想。晚上，在广场上点燃了篝火，村民们载歌载舞，用欢声笑语辞旧迎新。2 月，铜鼓塘组举行了 2018 铜鼓塘首届跨年联欢会暨 2019 筑梦远航活动。

2018 铜鼓塘首届跨年联欢会暨 2019 筑梦远航活动举行（杨　锋　摄）

2013—2020 年大湾村组队外出参加民俗活动情况表

表 10

时间	活动主题	地点	活动内容
2013 年 10 月 13 日	恢复首届“九・九”赶坳活动	屏山公园	山歌、鼟锣、傩技等
2014 年 11 月 9 日	30 年县庆系列活动之赶坳活动	屏山公园	山歌、舞龙、鼟锣、斗画眉、斗鸡等
2015 年 5 月 25 日	新店乡首届侗族传统习俗活动暨“四月八”赶坳活动	老寨村	山歌、斗画等
2015 年 10 月 6 日	纪念玉屏箫笛金奖百年暨“相约茶花泉”文化活动周系列活动之赶坳民族节庆活动	茶花泉	山歌、酒歌、斗鸡、斗画眉、舞龙、傩技等
2016 年 7 月 9 日	新店乡第二届侗族民俗文化旅游节暨六月六赶坳活动	老寨村	文艺演出、拦门酒、斗画眉、鼟锣、长号、山歌、长桌宴等

续表 10

时间	活动主题	地点	活动内容
2016 年 11 月 7 日	32 周年县庆系列活动之赶坳	屏山公园	唱山歌、拦门酒、舞龙、傩技、鼟锣、斗画眉、斗鸡等
2017 年 7 月 20 日	禾梨坳歌场重开“土王戊”赶坳活动	禾梨坳	山歌、斗画眉、品美食等
2017 年 7 月 28 日	玉屏侗族民俗文化艺术节 暨新店镇“六月六赶坳”活动	老寨村	山歌、斗鸡、斗画眉、斗牛、打金钱棍
2017 年 11 月 11 日	2017 年侗族民俗文化“赶坳”活动与侗族美食文化节活动	茶花泉	斗鸡、斗画眉、山歌对唱、傩技等
2018 年 7 月 20 日	皂角坪街道铁家溪第二届“土王戊”赶坳活动	禾犁坳	山歌对唱、斗画眉、品美食等
2018 年 10 月 17 日	朝阳村九月九民俗文化节	朝阳村	文艺演出、斗画眉、吹长号、山歌对唱、拔河、打篮球、斗牛
2019 年	皂角坪街道铁家溪第三届“土王戊”赶坳活动	禾犁坳	山歌对唱、斗画眉、品美食等
2020 年 10 月 20 日	皂角坪街道铁家溪第四届“土王戊”节赶坳活动	禾犁坳	山歌对唱、斗画眉、品美食等

＊旅游开发

旅游规划 2005 年 12 月，《玉屏旅游发展规划》出台，将大湾民族风景区作为全县 6 个旅游景区规划之一，大湾与朝阳、丙溪三个民族村寨作为主要景点，侗家风情作为全县三个重要的旅游资源之一，民居、民族歌曲、民族音乐、民族传统体育活动均纳入旅游资源，并将城区㵲阳河—大湾民族村作为 3 条县内旅游线路之一。

2008 年，《玉屏侗族自治县乡村旅游发展十年规划》拟定，将玉屏乡村旅游发展定位为“一河、四个片区”的形体结构，大湾与朝阳、丙溪、铁家溪归为侗族村寨片区，定位为聚乡村旅游和民族文化旅游于一体的旅游景区。

2014 年大湾村成功入选中国第三批传统村落名录，2015 年，《新店乡大湾村传统村落保护与发展规划（2015—2030）》出台，将旅游作为发展规划的重要内容之一，从发展定位标、游客规模预测、游览线路规划、游客服务设施规划、旅游产品策划等全面对大湾旅游谋篇布局。

2016 年，《玉屏北侗箫笛之乡风景名胜区总体规划（2016—2030 年）》出台，将朝阳景区纳入“一核、两区”空间布局，景区包括朝阳民族村寨、大湾民族村寨、朝阳林海、万亩翠竹 4 个景点，将朝阳民族村寨、大湾民族村寨、朝阳林海、万亩翠竹等最具观赏价值、最需要严格保护的景源及其周围划出一定范围作为一级保护区，打造集民俗体验、文艺欣赏、村寨游览、文化寻根、节庆活动、自然观光等功能于一体的侗族文化保护和原生态文化体验的旅游目的地。

2017 年，《玉屏侗族自治县新型城镇化全域旅游 · 美丽乡村总体规划（2017—2025）》出台，开启全域旅游新纪元，全域旅游大发展。将玉屏—老寨—朝阳大湾—道扒溪打造为集侗族文化展示、传承、体验、度假等功能于一体的生态人文养生度假基地。

乡村旅游发展 大湾地处较偏僻山区，早期人们缺乏旅游发展的意识。1993 年 1 月县旅游局成立，2002 年县旅游局开始对全县的旅游资源进行全面普查，引起了县委和县人民政府的重视，决定将旅游业纳入县委、县政府工作议事日程，玉屏旅游迎来发展机遇。朝阳村、大湾村均是玉屏侗族文化保留最完整的村寨，统一纳入朝阳民族风景旅游点。大湾是玉屏 14 个深度贫困村之一，脱贫攻坚期间，大湾村的交通、水利等基础设施迎来建设高潮。2015 年，新寨村民在自建房内经营大湾村首家农家乐——飞云山庄。2017 年，投资 119.6 万元新建旅游产业路，连接大湾村铜鼓塘组与朝阳村尖坡组，将朝阳、大湾两个侗族文化旅游村贯通。2018 年，大湾村入选贵州省第三批少数民族特色村寨和贵州省乡村旅游村。凭借着自然资源的优势和侗家历史文化积淀，在充分挖掘和保护传统侗族文化基础上，大湾村的基础设施、公共服务、产业布局等得到全面的改造提升，紧紧围绕“传统建筑、侗家民宿、独特美食、自然风光”四个方向，先后打造侗族文化民宿、农家乐、休闲垂钓中心等侗寨体验中心。

旅游资源 大湾村落坐落在群山之中，周围植被丰富，植物种群繁多，古树参天，不仅有优美的自然环境，还有珍贵的囤、采矿遗址，同时拥有丰富而珍贵的物质与非物质文化遗产。大湾村民族文化底蕴丰厚，建筑文化、民俗文化、农耕文化也很有地方民族特色。

大湾村 （杨 锋 摄）

建筑文化资源　大湾村是玉屏侗族自治县最有特色的侗族文化村寨之一，其建筑资源主要体现于传统民居、吊脚楼、火铺。大湾人喜聚居，村内都是清一色的木质“干栏式”建筑，形成依山傍水的村落。大湾村的传统民居不仅具有侗族的特点，还加入了大湾村当地自身的特色，如屋脊和翘角的形式、桐油等。大湾保存着不同时间修建的传统民居，代表着各时期的历史文化信息以及对外交流学习的演变历程，见证与记载着村民们各历史时期物质文化、精神文化生活的方方面面。大湾居住民俗反映当地居民的文化习俗已融入自然生态环境之中，充分地表现出地域的民族、文化、传统和社会习俗等诸多要素，具有很高的文化价值。吊脚楼结合使用功能需求，因地制宜、就地取材、合理利用空间，因地势而建，充分体现大湾人“天人合一”的观念。吊脚楼层层延伸、错落有致，建筑装饰和细部构件十分精致，工艺精湛，造型优美，风格独特。火铺在传统的大湾民居中，占有相当重要的地位，它是大湾人家庭议事、聚会、团聚、交谊和兼作炊烤并备的场所。日常炊事用火虽已逐渐被灶台所代替，然而传统的火铺仍然是秋冬季节接待客人的重要场所，是大湾人独特的民俗文化形态，更是大湾人家庭不可或缺的一种民族符号，现在依然保留在民居中。

民俗文化资源　大湾村形成年代久远，在历史的长河里积累沉淀，传统文化底蕴十分深厚，传统民俗文化传承完整，如饮食、民风民俗、民间节日、特色手工等依旧流传至今。饮食方面，大湾人有食不离糯、吃不离酸、喝不离酒的饮食特点。以大米为主食，大米中尤喜糯米；大湾人喜欢吃酸辣，家家户户都有酸坛；其中最引人注目的是罐罐油茶、腊肉，因制作方法独特，味道鲜美，一直是待客的上品；米酒、苕酒是大湾人迎宾待客的必需品；迎宾有酒，婚丧办事时也要喝酒，配上酒歌，酒味更浓。民风民俗方面，大湾的婚嫁、丧葬等习俗仍沿袭着传统模式，至今仍是大湾人生活中十分重要的习俗。同时，赶坳、唱山歌、斗画眉、斗牛等最为有趣的民俗活动，现仍活跃在大湾村中。赶坳活动于2007年被省政府列为非物质文化遗产保护对象，彰显了玉屏侗族文化的生机和活力。民间节日方面，大湾村除传统的元旦节、春节、元宵节、清明节、重阳节、中秋节等节日之外，还有过社、三月三、立夏、六月六、七月半等独具特色的节日来寄托对先祖的哀思、对长辈的尊敬及对未来美好生活的向往。在特色手工艺方面，大湾的攮粉、酿酒、罐罐油茶、箫笛等制作技艺，已成为大湾侗族文化的一朵艳丽的奇葩。

农耕文化资源　大湾的农耕文化以农耕梯田、传统耕作方式、生产习俗为主体。大湾由于山地特色，梯田成为当地村民主要的农耕用地。大湾早期按“男耕女织”分工。随着时间推移，传统的农业生产用具、种养模式、耕种观念等依然传承下来形成大湾农耕文化特色。大湾传承着的接春、开秧门、撵山等特色生产习俗，已成为当今难得一见的珍贵农耕文化遗产。精耕细作，与现在提倡的和谐、低碳、环保理念不谋而合。“日出而作，日落而息，凿井而饮，耕田而食”的农耕生活，正是高节奏“运转”的人们所向往的。传统的农耕文化与秀丽山水相映成画，成为旅游资源的一大优势。

人文景观　大湾结合建筑文化、习俗文化、秀美山水等特有资源，打造了大湾民宿、侗家特色美食作坊、便民超市、“大湾人家”农家乐、休闲垂钓中心等集“吃、住、娱、游、购”于一体的休闲旅游点。望得见山、看得见水、留得住乡愁的传统侗乡文化在大湾得到了传承发展，大湾这块遗落在大山深处的“璞玉”得以展现在人们眼前。

云宿　位于大湾村青树组，是融合侗族特色和现代元素的民宿。坐落于大山坡上，清晨云雾缭绕，一栋栋民居就像是悬浮在云雾中，故此为大湾精品民宿取名“云宿”。

云宿于 2019 年 9 月签约建设，次年建设完成。建设资金 350 万元，来源于太仓扶贫资金。分两期建成，一期投入资金 180 万元，用于民宿主体工程修缮、道路建设、基本设施工程建设；二期投入资金 170 万元，用于精品民宿室内装修，场地绿化、亮化等附属设施建设。云宿由宿联杭州旅游发展有限公司负责管理，新店镇扶投公司、大湾村委会、建档立卡户负责监督。

云宿民居均就地取材，由当地民居一层老式木房改造而成，既可让民宿冬暖夏凉，也能节省原料加工，是精品民宿的特色之一。按照修旧如旧的原则，云宿在房基下增加一层砖混结构的楼层，上部保留原有民居主体结构，对墙、门等基本设施进行改造。中间堂屋改成公共休闲区域，堂屋门口加围栏改成阳台，客房分列两边。室内安装空调，改建房间、室内卫生间等，满足现代人生活所需。竹编饰品、木质

大湾侗韵园　　　　（姚祖告　摄）

衣架、鸟巢灯罩赋予云宿民族风味。云宿民居共有4栋，客房13间，其中浴缸房3间、普通大床房5间、双人间4间、榻榻米1间，外加1间会议室。周边配套露天游泳池、停车场、休闲广场。

大湾村植被覆盖率高，山峦起伏，曲径通幽，空气清新，推窗即景，是民族风情保存较为完好的侗族聚集之地。云宿以大湾独特的自然环境、民族文化、特色建筑为依托，打造民俗体验产业，是乡村开发民宿旅游项目的一个生动样本。

侗韵园　位于大田组的山间盆地内，通往青树组与铜鼓塘组的分叉路处。侗韵园是集休闲、娱乐、食宿于一体的侗族民俗文化生态体验中心，总占地6000余平方米，始建于2017年，完工于2018年。除征地外，建房、平地、修路、绿化等建设费用276万元。侗韵园坐落传统民居5栋，公厕1座。民居靠山而建，木质结构，青瓦顶。其中，3层民居1栋、二层民居4栋。二层民居前、左、右三面有外廊，左右两边靠山墙建有短檐，为走廊遮挡风雨。有一条小溪沟穿园而过，溪沟一侧整齐地栽种垂柳，通园公路沿溪而建，溪上建桥2座。侗韵园的建成，极大地带动大湾村乡村旅游发展，既解决农村剩余劳动力就业困难问题，又通过民宿、周边群众经营特色商品和饮食业实现村集体经济增收。

璜泾商铺位于侗韵园入口处，是侗韵园内的便民超市。2018 年，大湾村与太仓市璜泾镇雅鹿村正式开始结对帮扶工作，重点帮助大湾村壮大村集体经济及基层党建工作队伍，为纪念两地情谊，商铺以雅鹿村所在镇命名。商铺为三面外廊式侗族民居二层，三开间，八柱七瓜。2020 年，商铺正式运营，主要售卖日常生活用品。

大湾人家与璜泾商铺并排，靠近侗韵园入口，是乡村田园风光、乡土民俗文化、乡村民居相结合，吃玩一体的侗家农家乐。以村名作为餐馆名称，“人家”二字充满着浓郁的侗乡韵味。餐馆同样为三面外廊式侗族民居，二层三开间，八柱八瓜，抬头屋。中间有进深较小的堂屋门口，与园内其余民居略有不同。2020 年，大湾人家开始运营。

新店作坊是进入侗韵园内看到的第三栋民居，位于小溪沟西侧，坐向与璜泾商铺相对，可从石板桥通往，以大湾村隶属镇新店作为名字。作坊同样为三开间，三面外廊式，八柱七瓜屋，抬头屋。2020 年开始运营，主要加工侗乡米粉加工，内有米粉生产工具一套。

雅鹿酒坊是侗韵园内第四栋民居，于 2019 年 9 月投产运营，致力于打造“侗乡米酒”这一乡土米酒品牌。为纪念大湾、雅鹿两村情谊，酒坊取名为雅鹿酒坊。建设资金 10 万元，是太仓 · 玉屏东西部扶贫协作项目之一，由太仓市璜经镇雅鹿村对口帮扶建设。酒坊为传统侗寨民居式样，二层楼木房，三开间，七柱六瓜，人字形青瓦顶。为便利生产，无吞口设计，二楼三面围木质走廊，一楼廊前有护栏。正屋主要用于储存米酒和酿造，正屋两边搭建偏厦，左侧为火房，右边半封闭置物。酒坊以经营自酿纯粮散装酒、瓶装酒及特色滋补酒为主，突出纯粮酿造、原汁原味。酿酒所用原料是本村自产的大米，酿酒的水是山中清泉，酿酒师聘请的是当地技术过硬的酿酒大师。

七彩跑山鸡养殖基地　养殖基地位于洞上组，充分利用好当地的自然环境和优质的水源，发展林下跑山鸡养殖。2018 年建场，2019 年开始养殖，投入资金 50 万元，争取东西协作资金 30 万元，养殖大户筹资 20 万元。养殖品种为七彩跑山鸡，七彩山鸡俗称野鸡，又称雉鸡，因其毛七彩斑斓，故名为七彩跑山鸡，是集肉用、观赏和药用于一身的名贵野味珍禽，被誉为“野味之王”“动物人参”，被列入国家林业局 2000 年 8 月 1 日发布的《国家保护的有益的或者有重要经济、科学研究价值的陆生珍禽动物名录》。大湾养殖的七彩跑山鸡为人工驯养品种，养殖基地选择在环

保无污染、空气清新的山林，采取天网式放养，七彩跑山鸡活动范围非常大，其山鸡肉质细嫩，肉味醇香。大湾村打造以七彩跑山鸡品牌为主题的旅游景点，吸引人们前来休闲游乐，观景赏鸡，品生态美食。

休闲垂钓中心　2017 年上半年，大湾山塘建设完成。大湾村借助山塘的优势，结合当地良好的气候环境，利用扶贫专项资金修建休闲垂钓中心。垂钓中心位于大田组，侗韵园旁，大田水库上游。2017 年 9 月开工建设，2018 年 6 月全面竣工，项目总投资 150 万余元，坐落在大田组。新建化粪池 3 立方米，开挖淤泥 5000 立方米，回填土石方 5000 立方米，建鱼塘进水清洁过滤池 180 立方米，建设沿边石板步道 750 平方米，安装环塘步道路灯 20 盏，修建石砌钓鱼台 83 个，有管理房 45 平方米，厕所 22 平方米。在中心两头建人行步桥 2 座，无护栏的一座长 20.5 米，宽 3 米，高 1.17 米；有护栏的一座长 24.8 米、宽 3.05 米，一侧有护栏长 23.6 米，另一侧护栏较短 21.1 米，高 1.15 米。建成时，投放大鱼 2850 公斤、中号鱼 2250 公斤。垂钓中心群山环抱，绿树掩映，泉水滋养，鱼儿健亮，是垂钓爱好者休闲垂钓的好地方。为庆祝垂钓园修建竣工，2018 年 5 月 12 日上午，举办了以“绿色新店　生态大湾”为主题的钓鱼大赛。

村民生活

结合时代背景来看，大湾村民生活状况可以说是新旧社会两重天。旧社会，大多数村民食不果腹、衣不蔽体。新中国成立以后，村民生活日益改善。改革开放后，农村实行家庭联产承包责任制，大湾村积极发展农、林、牧多种经营，尤其是打工潮的兴起，改变了村民经济收入结构，粮食收入、经济收入同步增加。中共十八大召开后，党和政府实施扶贫战略和新农村建设，省、市、县、镇向大湾村投入大量人力、项目资金、物资，加快基础设施建设，发展农业产业，村容村貌焕然一新。村民消费结构不再局限于一日三餐的饮食质量，更加注重子女教育支出和文化娱乐活动。2019 年，大湾村脱掉贫困帽，进入小康村。

*经济生活

收入 新中国成立前，大湾村村民生活水平低下，农民耕种地主家的土地，大部分粮食给地主交租，剩下很少的一部分口粮维持生活。因交通不便，村民常年在家务农，主要靠杂粮和土特产品，手工艺品换食盐和必需的生产生活用品，吃、穿、用十分简陋。民国时期，由于连年战乱，抓兵派款、盗匪四起，滋扰乡民，灾难频繁，村民更是过着食不果腹、衣不蔽体的贫穷生活。

新中国成立后，经过土地改革，大湾村民都分得了自己的土地，自主经营，生产积极性高涨，生产力得到快速恢复发展，村民收入上涨。1953 年后，开展互助合作运动，大湾村民加入农业社，促使农户的各种生产要素合理组合，克服了村民单家独户生产中所不能克服的困难，实行互助合作的家庭农业普遍增产，村民收入水平得到提高。1958—1976 年，劳动力被大量调去冶炼钢铁、修水利，削弱农业多种经营，不仅粮食产量下降，经济作物产量也连续减产。

中共十一届三中全会后，全村人民积极响应党的号召，推行家庭联产承包生产责任制。1984 年，大湾村全部实行家庭联产责任制。在“决不放松粮食生产，积极发展多种经营”方针指引下，由单一的承包耕地逐步发展到承包林、牧、渔，彻底打破“大锅饭”，村民的生产积极性空前高涨。1986 年，大湾村粮食、油菜籽产量与生猪、鸡鸭出栏量大幅增长，人均粮食产量 212 公斤。

改革开放后，外出务工潮兴起，村里青壮年纷纷外出，到深圳、广州等城市及浙江等沿海一带务工。2020 年，全村外出务工者有 110 人，占全村总人口的 11.17%。全村年收入 972 万余元，人均年收入 9876 元。

消费 消费按照其消费目的可分为生存性消费、发展性消费和享受性消费。随着村民人均收入的增加，大湾村的消费结构发生变化，除生存性消费外，增加了发展性消费，有多余的可支配收入者又增加了享受性消费。

20 世纪 20 年代前，大湾村村民生活水平低下，多属于生存性消费，即获取生存资料，以维持自己及家庭成员生存和繁衍。村民无论是食物、衣被、住房多是自产自用，如需其他生活必需品，大多也是在赶坳日购买或以物换物。这时期村民消费主要是在食物、衣物、住房、燃料等方面，而食物方面的占比远超其他。

国民政府时期，大湾村因地处山区，战乱影响相对较小，村民的食物、衣被、住房等依旧以自产自用为主，后因动乱形势的影响，村中与外界接触增加，更多的村民意识到文化教育的重要性，在生存性消费支出的基础上增加寻求更好发展而产生的发展性消费，即为提高家庭成员德性、智力的文化消费。村民们在温饱有保障的情况下，用余粮余钱请老师开办私塾，让孩子学习《三字经》《百家姓》等。根据村民居住聚集情况，大湾村共办有 2 所私塾。

20 世纪 50 年代后期，人民公社期间，实行粮食统购统销政策，实施粮油计划供应制度，严格管理市场，禁止私自经营。1958 年 10 月大湾村在人民公社化时，成立大湾大队和各生产小队，社员家庭生活资料、土地、家庭副业全部收归集体所有。家庭个体消费几乎为零。

中共十一届三中全会后，实行家庭联产承包责任制，实行按劳分配原则。村民分田到户，自负盈亏，获得了土地经营自主权，极大调动了生产积极性，粮食产量和其他收入都有大幅增长，婚丧嫁娶、买房、添置大件等临时费用和教育费用都有所增加，大湾村进入发展性消费阶段，食品消费支出所占比重有所下降。

21 世纪，随着大湾村民外出务工、生产经营的收入不断提高，消费支出不断增加，消费结构中食物方面的生存性消费支出所占比重明显下降，用于教育、交通、社交方面的发展性消费支出比重逐渐增长。特别是在享受性消费比重逐年增长的情况下，大湾村民 80% 的家庭在县城有自建房或商品房，小轿车进入平常百姓家。2020 年脱贫攻坚后进入小康阶段，村民用于外出旅游、购买车辆、钓鱼爱好、娱乐等享受性消费支出比重有所增加。

快乐童年　（杨　锋　摄）

*社会事业

教育

基础教育　1935 年，民国政府试行《实施义务教育暂行办法大纲》，官方在第五保办保校 2 所，校址设朝阳自然村，大湾自然村未设立保校。中华人民共和国成立初期，大湾自然村办有两所私塾，一所设在铜鼓塘，有学生 20 多人，私塾先生为潘国正，教学课程有《三字经》《百家姓》《幼学琼林》等内容。开办时间大约一年。另一所设于两叉溪，私塾先生为吴本相。

1952 年，丙溪乡政府在十六村（大湾）开办公立新寨初级小学，校址设原五保保公所。1953—1954 学年度，新寨小学 4 个教学班有学生 66 人，其中一年级 14 人、二年级 16 人、三年级 23 人、四年级 13 人。有教师 1 名。

1955 年，新寨小学改名为大湾民办初级小学。1955—1956 学年度，有 4 个教学班 64 人，教师 1 人。一年级学生 31 人，二年级 17 人，三年级 8 人，四年级 8 人。1965—1966 学年初，全校 4 个教学班 (有复式班 2 个) 学生总数 61 人，一年级学生 23 人，二年级 19 人，三年级 13 人，四年级 6 人，实际毕业 6 人。县镇和农村 7 ~ 12 周岁学龄儿童 105 人，在校学龄儿童 85 人，在本校入学的一年级学生 20 人，入学率 80.95%。

1969 年 8 月，玉屏县革命委员会召开全县教育工作会议，提出缩短学制和改革体制的方案：小学改行五年制和附设初中班；农村小学下放到大队办，争取每个大队设 1 所小学，实现读小学不出大队的格局。9 月，大湾小学增设五年级 1 个班。

1975 年 9 月，大湾小学增设戴帽初中班，形成八年制学校。

1979 年，玉屏县委贯彻贵州省委“调整、改革、整顿、提高”的方针，作出“调整布局、改革体制、确保小学”的决定，当年 9 月起，大湾小学停办戴帽初中班。

1983—1984 学年末，全校 5 个教学班有学生 65 人，巩固率 100%。书学费收费标准为一至三年级每生收 0.9 元，四、五年级每生收 1.1 元。当年共收学费 63.3 元，支出 61 元，结余 2.33 元。1985—1986 学年末，1 ~ 5 年级有在校学生 85 人、教师 4 人，巩固率 98%。

2012 年，县教育局下文通知，大湾小学五年级与丙溪民族小学合并，保留一至四年级。由于生源逐年减少，2015 年，大湾小学停办。

从 1951 年开办新寨小学到 2015 年大湾小学停办，先后在小学任教的教员有吴宗柏、姚源炳、杨长树、潘家齐、潘家玉、姚茂发、潘家碧、潘升富、杨长江、吴本兴等。

业余教育　中华人民共和国成立初期，县、区两级政府在全县开展工、农识字运动，扫除青壮年文盲。1950 年，新店乡人民政府在十六村开办农民读报组。1951 年，工农读报组改为农民识字班，又叫农民夜校。大湾自然村农民夜校设在铜鼓塘，学员最多时有 140 人，吴本文担任农民夜校教员，教学课程有《三子经》《百家姓》《幼学琼林》。之后政府发放新版识字教材。1953 年，农民夜校停办。丙溪乡政府成立以后，1957 年、1958 年，继续开展扫盲工作，开办各种形式的培训班。1963 年，根据玉屏县城关区《关于开展业余教育的意见》（〔1963〕教字第 001 号）“有条件多办，无条件少办或不办”，丙溪公社开办农民夜校，农闲时间招收农民学员。由于路程太远，交通不方便，大湾村民少有参加夜校读书的。60 年代中期至 70 年代末，受“文化大革命”影响，业余教育较少开展。改革开放以后，农村恢复业余教育，教育培训的内容从以扫盲为重点转向普及农业适用技术，培养致富能人。在脱贫攻坚期间，大湾村开展厨师、电工等技能培训，着力补齐“缺技术”短板。

大湾村厨师培训　（来源于玉屏网）

卫生健康

卫生机构　从民国到玉屏解放初期，大湾无官方医疗机构，老百姓看病只能找村里的草医。20 世纪 50—60 年代，村里有名望的中草药医师有潘甫仁、吴志德。1958年，遵照县委指示，大湾大队成立保健室，明确卫生工作人员2名，卫生人员不脱产，报酬以误工补贴方式给予补助。1962年，大队配备接生员1名，推广新方法接生。1968年，大队设立接生站。1970年，大队接生站改为合作医疗站，接生员、卫生员改为“赤脚医生”，有“赤脚医生”、接生员各1名。1974—1977年，大队遵照农村“卫生革命”的号召，推行农村合作医疗制，村民看病采取部分减免方式。1997年村卫生室设在新寨组村医杨再帮家里的一间木房里。2006年，县卫生局投资，为大湾村修建卫生室。卫生室使用面积60平方米，分诊疗室、药房、输液室、观察室。村卫生室开始实行预防针定点接种，每月25—26日，儿童到村卫生室接种疫苗。村医行医方式有明显改变，由在家坐诊或上门诊治变成卫生室坐诊巡诊，村民治疗常见病可不用出村。2010年，县卫生局统一出资采购，为村卫生室配备办公桌椅、治疗台、血压计、听诊器、出诊器箱、氧气袋、治疗车等常规医疗设施设备，全面提升医疗卫生服务能力。2016年，适应美丽乡村建设需要，大湾村卫生室办公房拆除，搬迁至村委会原活动室办公，建筑面积120平方米，有8个房间，医疗设备更趋完善。2020年，杨再帮任大湾村村医。

卫生室　（姚林屏　摄）

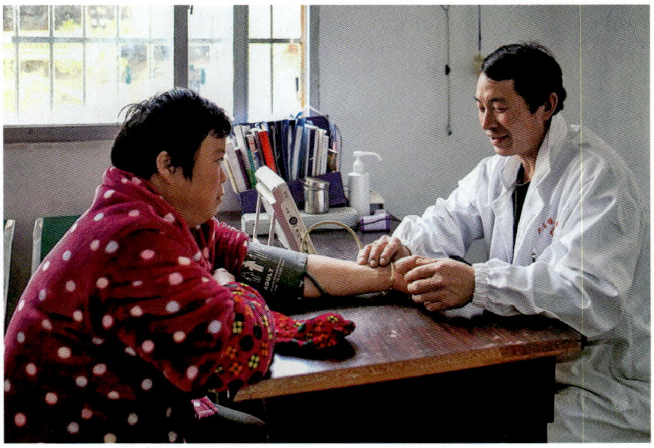

村医接诊　（姚林屏　摄）

中草药品种　大湾村地处亚热带季风性湿润气候，气候温暖湿润，雨量充沛，无霜期长，土质疏松，为多种生物的共生繁殖提供了良好的自然环境。野生中药材品种繁多，据不完全统计，有近百个品种。常见种类如五爪金龙、过岗龙、百脚虫、蜈蚣、金银花、门冬子、老虎姜、半夏、竹节草、菊花、枸杞、百合、茯苓、马鞭草、折耳根、桃仁、仙人掌、巴岩姜等。

社会保障

新中国成立前，大湾村地处偏远山区，田土稀少，交通闭塞，村民生活水平低下，加之当时政府财力有限，村中未建设社会保障体系。实行家庭联产承包生产责任制后，经济迅速发展，村民开始进城务工经商，收入与城镇居民之间的差距逐渐缩小，生活水平迅速提高，村中社会保障体系开始建设并逐步完善。

社会供养　1956 年农业合作化后，农村鳏寡老人的生产、生活由农业合作社照顾，对其中无生活来源者采取保吃、保住、保穿、保医、保葬的“五保”政策，实行分散供养，每年分配稻谷 250 公斤，使其生活水平不低于一般社员。实行家庭联产承包责任制以后，村里五保户的供养由县民政部门兜底。从 1991 年开始，对全村的五保户采取村供自养的办法，五保户供养标准为年均 600 元每人。2000 年，五保户的实际生活水平年人均达 850 元以上。到 2020 年底，大湾村有五保户 7 户 8 人。

分散供养的快乐老人　（姚林屏　摄）

2016—2020 年大湾村五保户供养情况表

表 11

年份	户数（户）	人数（人）	供养方式	发放金额（元 / 月）
2016	6	7	分散供养	4970
2017	6	7	分散供养	4970
2018	7	8	分散供养	6080
2019	7	8	分散供养	6465
2020	7	8	分散供养	6640

最低生活保障　1998 年，村里开始实行农村最低生活保障制度，凡无生活来源、无劳动力、无法定赡养人或抚养人以及家庭收入低于当年最低生活保障标准、遇特大自然灾害、意外事故以及重病等导致生活极端困难的村民即可申请。1998 年 12 月，每人每月 40 元。2007 年全面建立农村最低生活保障制度后，民政部门每年都会对低保户的资格核查审定一次，核查符合标准的可以继续领取低保金。2007—2020 年，根据“分类施保、差额补助”的原则，多次提高低保户补助标准。2020 年，大湾村有低保户 26 户 50 人。

2016—2020 年大湾村农村低保发放情况表

表 12

年份	低保户数（户）	人数（人）	发放金额（元 / 月）
2016	123	188	41498
2017	100	158	45868
2018	63	92	25778
2019	37	83	23251
2020	26	50	14049

合作医疗　简称“新农合”，是由政府组织、引导、支持，农民自愿参加，个人、集体和政府多方筹资，以大病统筹为主的农民医疗互助共济制度。为保障农民获得基本卫生服务，缓解农民因病致贫、因病返贫，2006 年，大湾村推行新型农村合作医疗制度，报销的范围包括医药费、化验费、检查费、手术费、护理

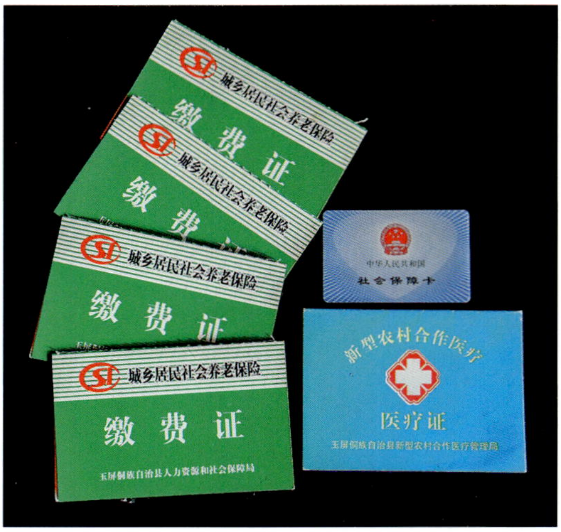

社会保障相关证件　　　　（姚祖告　摄）

费等。当年个人缴费 10 元，个人筹资标准调整 14 次，中央补助资金调整了 14 次。2010 年，个人缴费 60 元。2016 年，个人缴费 200 元。2020 年，个人缴费 250 元。为减轻困难群众经济负担，2017—2018 年，政府对特困人员和建档立卡贫困人口个人缴费全额资助。2020 年，政府对建档立卡贫困人口资助 120 元 / 人。同年，大湾村基本医疗实际参保 898 人，参保率 99%。其中，脱贫户（含监测户）参保 190 人，参保率 100%；其他农户参保 708 人，参保率 99%。

养老保险　2009 年前，养老制度不够完善，仍以养儿防老式的家庭养老方式为主。2009 年，大湾村推行新型农村社会养老保险，俗称新农保，采取社会统筹与个人账户相结合的基本模式和个人缴费、集体补助、政府补贴相结合的筹资方式。参保人员根据缴费标准自主选择档次缴费，累计缴满 15 年后且年满 60 周岁便可领取养老金。新农保实施时年满 60 周岁且未享受城镇职工基本养老保险待遇的村民不用缴费便可按月领取基础养老金。新农保在一定程度上减轻了子女的养老负担，为村民老年生活提供了一定保障。养老金由基础养老金和个人账户养老金组成，支付终身，其中基础养老金按国家标准发放，个人账户养老金每人每月标准按个人账户全部储存额除以 139 计发。2020 年，新农保缴费标准分为 100 元、200 元、300 元、400 元、500 元、600 元、700 元、800 元、900 元、1000 元、1200 元、1500 元、2000 元 13 个档次。村民可根据自己的经济条件合理选择缴费档次。2020 年，养老保险实际参保 294 人，参保率 99%。其中，脱贫户参保 101 人，参保率 100%；其他农户参保 193 人，参保率 98%。养老保险领取人数为 190 人，高龄补贴领取人数为 82 人。

独生子女与二女户补助政策　政策于 2016 年终止，但之前村中认定的独生子女与二女户继续发放补助。夫妻双方年满 60 周岁，每人每年可领取农村部分计划生育家庭奖励扶助金，基础养老金每月也有补贴。独生子女户夫妻双方免缴新型农村合作医疗费，二女户夫妻双方减免个人负担部分的50%。参加新型农村社会养老保险，每年给予缴费补贴，2004年，针对两女户和独生子女户实施农村养老保险政策，夫妻男性年满60周岁，女性年满55周岁的，政府每月发放养老保险金50元。2020年，大湾村有两女户2户、独生子女户12户，按政策都领到养老保险金。

冬春救助　主要是为因当年倒房恢复重建、因灾重大伤病救治、农作物绝收或农产品损失严重等情况造成生活困难的家庭提供基本生活救助，帮助其解决口粮、饮水、衣被、取暖等基本生活困难。每年按程序申请、评议、审核后发放救助资金或救助物资。2017—2018年度，大湾村发放受灾人员冬春需生活救助90户、158人，口粮救助157人，衣被救助7人。2018—2019年度，大湾村发放受灾人员冬春需生活救助70户，口粮救助127人，衣被救助8人。2019-2020年度，大湾村受灾人员冬春需生活救助14户、42人，救助口粮1815公斤。

临时救助　是对村中遭遇突发事件、意外伤害、重大疾病或其他特殊原因导致基本生活陷入困境，其他社会救助制度暂时无法覆盖或救助之后基本生活暂时仍有严重困难的村民给予的应急性、过渡性的救助。2016年脱贫攻坚阶段，大湾村救助困难群众7户，发放救助金17500元，其中因病纳入救助的有6户、因学纳入救助的1户。2017年1月，大湾村大湾组1户农户因地质灾害房屋受损，获民政救助4500元；3月，大湾村团田组1户农户因地质灾害房屋受损，获民政救助3000元；12月，大湾村大田组1户农户发生火灾，获民政救助4500元。2018年，大湾村团田组1户农户因鹅苗损失，获民政救助15000元。2020年，大湾村申请临时救助5户，民政部门向大湾村发放临时救助金9000元。

*生产生活用具和摆设

中华人民共和国成立前，社会动荡不安，大湾村是自给自足小农经济，生产水平低下，村民的生活用具主要是由木、竹、陶等原料制成，除个别具有侗族特色的用具外，其他均与汉族的传统生活用具大同小异，可将其分为日常用具、加工用具和农耕工具三大类。

日常用具

鼎罐：用于煮饭、炖菜。

铁锅：分灶锅、耳锅（多用于炒菜）。

碗柜：用于放置碗筷、饭菜。

饭甑：蒸米用具。

菜簸箕：用于切菜。

粑盒：用于制作粑类食品。

蒸笼：用于制作蒸类食品。

油罐：用于盛放菜油、茶油等食用油。

酒坛：放置、保存酒的工具。

酸菜坛：用于制作、保存腌菜、罐罐菜的工具。

火铺：用于冬季接待客人、烤火取暖。

火塘：位于火铺之上，用于冬季烧火煮饭、炒菜。

土灶：用于夏季煮饭、炒菜等日常生活。

烘笼：用于取暖、烘干。

巴篓：用于盛放物品。

木瓢：用于舀水。

撮瓢：用于撮米、撮谷子。

筲箕：用于盛装剩菜、剩饭。

洗脸盆架：用于放置洗漱盆。

鼎罐　（杨　婧　摄）

木瓢　（姚祖告　摄）

锅耳朵：用于提热鼎罐、热锅。

锅罗圈：用于放置鼎罐、耳锅。

斗、升、碗：量米衡器。

蓑衣：用于雨天外出防雨。

斗笠：用于遮阳、避雨。

水缸：用于屋内生活蓄水。

木马：用于打草鞋。

火钳：烧火时添柴、添碳。

吹火筒：用于烧火助燃。

斧头：用于砍伐木材，有大中小各种型号。

刀类：分茅镰刀、麦镰刀、柴刀、菜刀。

木制盆类、桶类：有洗脸盆、洗衣盆、洗菜盆、洗澡盆、洗脚盆、水桶、潲桶（盛装猪食）、扁桶（盛放粮食）等。

升、斗　　（姚祖告　摄）

饭篓、饭盒（载于玉屏侗族文化图谱）

各类竹编工具：饭篓、饭盒、劁猪笼、鸡鸭笼、蛋篓、漏瓢、油箩、撮箕、背篓、筷篓、手烘笼（取暖）、烘笼（烘干）、竹篓、竹筒（提水）等。

日常用具虽发生很多变化，但大湾村仍在使用鼎罐、火铺、土灶等，而像蓑衣、斗笠、木盆等被更为便捷的雨衣、雨伞、铁盆代替。

加工用具

石碾：用于将谷物碾成米或面。

石碓：用于舂米。

榨房：用于榨油。

石磨：用于磨粉、磨浆。

粑槽：用于打糍粑。

擂钵、擂棒：用于捣碎食物或佐料。

簸箕：用于筛选粮食和去除杂质。

捻线砣：用于棉花手工捻成线。

木制纺纱机：用于把棉花纺织成纱线。

轧花机：用于棉花去籽。

搓花板：用于弹棉花后搓成条状。

织布机：用于把纱线织成布。

以前因村民多不富裕，而像石碾、石碓、石磨这样的大件生活用具不是家家户户都能置办得起，但又是生活必需品，往往是几户或整村共同置办众家合用，或由富裕人家置办，其他村民借用或有偿使用。90 年代后，随着打米机、自动化榨油机、磨粉机的普及，老式的石碾、石碓、榨油房、石磨逐渐被取代。因棉花原料种植面积减少、制衣的机械化、衣物多样化等情况，村民衣物多在外购买，木制的纺纱机、织布机逐渐被淘汰。现在大湾村还有少数人家保存有木制的纺纱机、织布机。

耕作工具

犁：用于犁田。

耙：分旱耙、水耙，用于抓草、平整碎土。

钉耙：用于抓泥、肥。

秧耙：用于薅秧。

锄：分老锄、薅锄、鹰嘴锄、小锄。

戽水桶：用于抗旱戽水。

粪桶、粪瓢：用于施肥。

筒车、龙骨车、导水竹枧：用于提水灌溉。

刀类：有柴刀、镰刀、弯刀、铧镰等。

斛桶：用于水稻、小麦、油菜脱粒。

箩筐：用于装运物品。

风箱：用于对谷物类粮食进行净化筛选。

晒席：用于农产品晾晒。

80 年代前，传统农具由私人请铁匠加工或县城赶集购买，因常年使用，几乎每家每户都置有。90 年代后，因机械化的迅速发展，耕作类、灌溉类、收割类工具逐渐被小型耕土机、潜水泵、收割机替代，又因青壮年大量外出务工，田土撂荒严重，现

耙　　　　（姚祖告　摄）

风箱（载于玉屏侗族文化图谱）

在只有少数较窄的田土还在用传统的农具，用牛耕方式耕种。犁、耙、斛桶、风箱、晒席传统工具已不多见，筒车、戽水桶等工具更是销声匿迹了。

摆设 堂屋照壁上挂神匾，神匾之下为神榜，两旁附有对子，神榜之下则挂神龛，神匾为新房屋建好后由舅家赠送，对子为姑爷赠送，神榜则为家族内亲赠送。照壁下摆放八仙桌、四角条凳，八仙桌摆香炉、烛台、帽筒等。富有人家堂屋中间增置圆桌、方凳、琴凳。堂屋晒壁挂蓑衣、斗笠，下面摆放农具等。主卧与厢房同为卧室，摆设大致相同，有木床、衣柜、睡柜、亮柜等，其中睡柜既可以放置棉絮等物品，也可铺上被褥睡觉，亮柜用于放置装饰类物品和糕点。富裕人家木床会请木工雕刻花床，增置首饰盒、衣架、梳妆台等。厨房则多摆放厨具用品，如碗架、水缸、案板、饭桌、四角板凳、骨牌凳、饭盒等，也摆放洗脸盆架，方便用水梳洗。21 世纪后，大湾村家具式样更新，流行使用双开门大衣柜、实木单开衣物柜、横排抽屉木书桌、靠椅、四腿木床，组合家具等。堂屋仍多置神龛、神榜、八仙桌和四角条凳等物件。

神龛 村民用以供奉祖先、神佛的小阁子。一般长 3 尺 2 寸，宽 8 寸 ~ 1 尺 2 寸，高 1 尺 4 寸，钉于中堂神壁离地 6 尺左右。神龛上放置香炉（插香烛用），左侧立座（也有放小香炉的，是供奉四官大神插香用），右侧放长明灯（外用灯罩，内有灯台，灯窝中放清油，一般逢年过节、初一、十五或祭祀时才点）。

八仙桌、神榜　　（吴　娅　摄）

神榜 供奉祖先、神、佛、书写名讳的牌位。其宽度与神龛长度相当，高 1.2 米。神榜正中写有“天地君亲师位”或“天地国亲师位”。左侧写“四官大神、神农黄帝、至圣孔子等之位”。右侧写“观音菩萨、值年太岁、历代祖宗等之位”，其下写供奉祖先考妣名讳（一般只写己身上至五辈）。神榜左右两边写对子，多为传统俗联。

家用电器 80 年代后，电视机、音响、电风扇、洗衣机等家用电器开始进入乡村。大湾最早的电视机是村民潘家斌于 1988 年购买，用箩筐挑回村中，是用电池的黑白电视机，因高山阻挡，村中只能用竹子竖起天线接收南门坡和镇远县羊坪镇宝塘村的微弱信号，收看两三个频道的电视节目。1995 年后，少数人家购买彩色电视机。2003 年，大湾村民陆续购买安装卫星电视地面接收器。

2020 年，家家户户常用电器有彩色电视机、洗衣机、冰箱、电饭锅、电磁炉、热水器，还有少数人家增置空调、电脑、烤火炉、抽油烟机、微波炉等。

*家庭管理

大湾的家庭，皆以婚姻、血缘、经济条件为基础组成。中华人民共和国成立前，以夫妻为核心的四代家庭为主，上有父母、下有子女孙子孙女，全家七八口人。随着社会经济的发展，村民生活水平提高，家中男性成员娶妻结婚后便分家而居，4人两代或6人三代同堂的家庭增多。2020年底，全村共有262户985人，平均每户4人，四代同堂有3户。

家庭结构 大湾家庭成员的地位因各个家庭的状况不同而存在差异，每个人在自己的位子上都有相对的权力，但地位大体上是平等的。决定重大问题，一般都要召开家庭成员会议进行讨论决定，每个成员都可以发表意见。平时子女和父母，儿媳妇和公婆都同桌用餐，无须回避。家庭中无论男女老少，都可以参加社交活动。家庭的最终决定权掌握在家长手里，这是由于他或她承担社会和家庭的主要责任和义务而形成的。改革开放前，一般家庭的经济命脉主要掌握在男人手里，一家之内，父亲为家长，由他负责掌管家庭的经济收入和支出。对内，组织安排全家生产、生活及处理日常事务；对外，代表全家向社会负责。父丧子幼时，由母亲当家，以后长子长大如有能力，即可当家作主。长一辈的女子是一户的“内当家”，负责操持家务，管理家当。一内一外，密切配合。素有“外头有个抓钱手，屋内有个聚宝盆”的说法。娶了儿媳之后，公公、婆婆经过一段时间的传、帮、带，就将其当家事务的职权逐步交给儿、媳，自己则渐居指导地位。现在妇女也顶半边天，夫妻外出务工，妻子的收入不比男人少，加上妇女在务工的同时，会承担更多教育孩子、照顾老人的责任，因此现在经济大权逐渐向妻子倾斜。

成员分工 家庭内部有习惯性的分工。旧时，男人承担打田、犁田、打谷、割牛草烧炭、伐木、运木、起房造屋、安葬等事务。粮食生产的主要过程几乎由男人承担。农闲时做些手工业，或短途运输、小本买卖、承包工程。此外，男人还要狩猎，以备家中美食。女人主要做家务劳动，养儿育女，做饭、种菜、纺织、缝补、春米、挑水、扫地、带孩子、洗衣、喂家禽，协助男人打田、栽插、薅秧除草等，晚上还要纺纱织布，侍候公婆、关照子女。现在有了犁土机、收割机、打米机，有了自来水、电和液化气，减轻了妇女家务负担，大多青年男女一起外出务工，挣钱赡养老人、抚养孩子，只有少数年纪较大的留守在家，选择较近的田土耕种，年长妇女则主要在家照顾孙子、孙女。

照看小孩的妇女　　（姚林屏　摄）

财产继承　家庭财产由儿子继承。财产的继承，通常在子女们都已婚或成年以后进行。一个家庭如有兄弟数人，常请族中的数个长辈和宗族头人当中人。财产先由父母分好份数，人人均等，即可按先兄后弟的顺序选择认领。如果是山林田土，则与中人一起埋石为界。如父母早亡，财产的继承则完全由伯父、叔父、舅父以及族长来主持分配。无儿有女的，由女儿继承；无儿无女有过继人的，由过继人继承；无儿无女无过继人的由亲房继承或作族产处理。

婚姻　大湾人喜爱唱歌，在一定的节日或赶坳时，常以对歌求亲，男女对歌情投意合时，交换信物（手帕、手镯、戒指）等，定期秘密幽会，建立感情，然后各自禀报父母，请求结婚。清末以后，这种形式受包办婚姻影响，青年男女无权选择自己的配偶，凭“父母之命，媒妁之言”决定终身大事，结婚以“红媒”为证，“庚书”为凭。大湾村以前姑舅表婚也很盛行，舅家有择外甥女为媳的优先权，姑家要为女儿择门婿，必须征得舅家同意，衍生出“修舅公”的婚嫁习俗。近亲通婚者，子女多发育不全，痴、呆、聋、哑常有。中华人民共和国成立前结婚不但要明媒正娶，要“三媒六转”，还有婚嫁仪式。

1950年后，国家实施《中华人民共和国婚姻法》，青年男女真正实现婚姻自主，也明确规定禁止直系血亲和三代以内的旁系血亲和未治愈的麻风患者结婚。90 年代后，结婚过程逐渐简化，部分青年结婚不要彩礼、不讲排场，但结婚男女须到婚姻登记机关办理结婚手续，领取结婚证书（男方满 22 周岁，女方满 20 周岁）。结婚后，男女双方因志趣不投、感情不和，难以共同生活下去时，可根据双方意愿到婚姻登记机关办理离婚手续。离婚后，也可根据双方意愿复婚，即恢复夫妻关系。

分家 大湾是一个典型的以侗族为主和其他民族杂居的村落，村民崇尚大家庭，以几代同堂为荣，有的家中几个弟兄婚后多年也不分家。大家庭分为小家庭后，父母老人一般与小儿共同生活，也有的父母轮流在几个儿子家居住。这种大家庭式随着时代的变迁已经改变，现在的小家庭越来越多，他们往往在结婚和建好新房后就分家另居。

家以和为贵，理想的大家庭虽是大湾人所追求的，分家却是正常的。流传“男大分家，女大当嫁”的说法。1949 年以前，大湾人分家时，先留下养老田，然后田、土、山按诸子均分，房屋、耕牛同样均分，如有财产不便均分，可折价补偿。年老无子有女者可以招婿入赘，或立嗣继承，房族无权过问。绝嗣按房族、家族、亲戚、公众顺序来处理。现在的家庭财产分割和继承，也与过去大同小异。过去土地私有，可以自由买卖，家长有权支配财产。现在田、土、山虽不属私有，但有使用权，老人仍有权利把土地的使用权转让给谁或不转让给谁。因此尽管土地的性质不同，但对土地分割传承给子孙的传统是一脉相承的。一般情况的分家，老人可以先预留养老田，其份额也与诸子相同，只不过老人可以优先选择土质和水源好、离家较近的土地。如果父母愿意将他们拥有份额的田土归于某子则与其共同生活。若尚能劳动，田土自己耕种，也可单独另居；老人不能劳动时则诸子共耕，或再次均分养老田，共养父母。如不预留养老田者，家里田地由诸子一次性均分，那么诸子轮流或共同赡养父母。如果两位老人关系不好，或者儿子或儿媳只喜欢其中的一个老人，那么两位老人就分开住，并将自己的那份田地带给与之同住的儿子。

家庭职能 主要有生育、教育和赡养职能。

生育职能 大湾人的生育理想是多子多福，人们认为多子多孙是有福气的象征。在生产生活的经验总结中，村民意识到子多必伤母，母亲的健康和家庭财源是有限的，全村的生存发展资源也是有限的，所以大湾村多是二孩家庭，三孩、四孩家庭较少。

教育职能　封建社会，山区文化落后，其家庭教育主要是口头传授，而且多通过民歌形式，大湾村侗歌盛行，十来岁的孩子便能出口成歌，社会知识、生产和生活知识多是通过口头传授给下一代。随着社会的发展，私塾、学校等教育事业发展以后，家庭配合学校进行文化知识辅导，民国时期村内建有官办私塾。新中国成立后，公办学校普及，教育事业不断发展，除文化知识教育外，还予以学生思想道德教育，旧的教育观念逐渐被改变，适龄儿童、青少年普遍入学接受教育，学生的入学率迅速提高。

赡养职能　大湾人有尊老敬贤的美德，“家有老，是个宝”。大湾人以自己家中有老人为自豪，把尊重、体贴和赡养老人视为天职。在村中议事、调解纠纷，均请老人主持；重大家庭事情由长辈断决，甚至火铺里坎背方向也是老人固定座位。家中人口增多，兄弟分家首先要议妥对父母的赡养问题。

艺文杂记

大湾文化底蕴醇厚，文学艺术作品丰富，有诗歌、散文、故事、传说、谚语、歇后语等，记叙了大湾村的发展历史和独具地方特色的文化内涵，为后人研究大湾的历史提供了珍贵的文献。

*诗　文

近代诗词

深山侗家

周舒（铜仁）

群峰叠翠竹林幽，瓦屋侗家翘角楼。
吊脚阁居防兽足，飞檐脊拱饰鳌头。
客来常报迎宾鹊，山静时闻唤雨鸠。
任是穷乡偏僻处，风光别具有人游。

侗乡春耕

杨其鑫

侗寨依山傍小溪，绿荫深处子规啼。
门前锁落炊烟净，垄上人耕笑语迷。
对唱山歌迎盛世，互谈改革遇良机。
如今谁说耕耘苦，春种秋收尽展眉。

侗乡剪影

杨其鑫

木楼吊脚野山青，姐妹亭亭立翠屏。
曲曲侗歌飘入耳，桃花人面漾深情。

侗寨散步

吴倾顺

闲来散步绕村庄，妇语声声过短墙。
干活出门不一样，春游明早换西装。

侗乡茶山秋景

姚元军

茶花姿色胜桃红，别具一格韵味浓。
何处歌声随兴起，农家醉唱雾山中。

颂坳会

杨宗祥

九九阳光灿，歌声荡满山。
气球飞彩练，锣鼓震中天。
傩戏传神韵，斗鸡展大观。
弘扬遗产好，盛会喜空前。

柳梢青·侗家

杨德淮（铜仁）

岭外风云，房前溪水，屋后桑林。
四面青山，方圆百里，自有乡邻。
端来米酒酬宾，矮檐下，荫凉可人。
更喜田园，清幽一片，隔断嚣尘。

报刊文摘

玉屏自治县大湾村
通油路，幸福生活步步高

“搭公交去县城卖菜，今天又卖了百来块，日子越过越美喽！”10 月 27 日，玉屏自治县新店镇大湾村，65 岁的村民李茂堂说，村里通了柏油路，公交车开到村子广场，出行越来越方便，日子越过越好。

大湾村位于新店镇东北面，四面环山，过去交通不便，只有一条坑坑洼洼的山路连通外界，出行只能步行，货物靠肩挑背驮，是典型的深度贫困村。

开展脱贫攻坚工作以来，玉屏以“交通进村入户、助推精准脱贫”为统揽，实现 30 户以上村民组“组组通硬化路”为目标，加快补齐农村基础设施短板，全力推进“组组通”建设，打通脱贫攻坚“最后一公里”。

2017 年，大湾村公路全面开工，逢山开路，遇水架桥，出村路变宽变平，铺上柏油；通组路建设同步进行，半年后，总长 15 公里的组组通公路投入使用。

路通百业兴。村主任潘世全说，组组通公路让沉寂已久的大湾重新焕发活力，点燃村民干事创业的热情，跑山鸡、生态石蛙、鸭子养殖初具规模，年产万斤的酒厂开始运营，种植竹子提上议事日程。

“过去，家家酿酒，道路不通，只能自家喝。”村民杨仙梅看着门前的公路，感慨说，“通路后，酒已经卖到外省去了！”

路畅百姓富。通组路为乡村产业发展注入动力，村民生活越来越好，轿车进入寻常百姓家。村民吴念珍喜上眉梢说，家里买了 3 台车，山高路远、天堑鸿沟已成为过去，出行很方便了。

公路牵两头，牵出村民出行的便捷，更牵出大湾村的华丽蜕变。凭借自然资源的优势和侗家历史文化积淀，玉屏自治县对大湾村的基础设施进行全面升级改造，围绕侗家传统文化，打造乡村旅游特色样板。

来源：《贵州日报》2019 年 11 月 5 日

大湾村的华丽变身

春日的阳光洒在玉屏自治县新店大湾村，阳光穿过茂密的枝叶，树影婆娑，光影斑驳，空气中弥漫着春天的草木清香和泥土的潮湿气息，让走进这片净土的人们仿佛投进自然的怀抱，告别世俗烦恼，静静地享受自然的恩赐。

大湾村位于新店镇东北面，距镇政府 14 公里，全村共 9 个村民组 970 人，人均耕地面积约 0.7 亩，森林覆盖率达 98%。近年来，该县举全县之力，补齐短板，拔除穷根，作为缩影之一的大湾村发生了翻天覆地的变化。

道路通畅，让走出大山的人逐渐返乡。55 岁的村民杨安枝就是其中之一。1997 年，33 岁的杨安枝受够了山旮旯的窘困，简单收拾行囊，带着妻子和小孩踏上了去往县城的羊肠小道，成了村里第一个走出大创业的人。

杨安枝说："之所以选择外出是因为受够了穷，人多地少，人均不足三分的耕地面积，祖祖辈辈靠天吃饭。为了挣点钱挑一担柴进城去卖，鸡鸣起床，穿着草鞋爬坡过坎，单程三个小时，最高能卖到三块钱，两毛钱买一斤盐巴，四毛钱买一斤煤油，余下的钱只够买六斤米，回到家的时候，天色已黑。"

2018 年，在玉屏县城生活了 21 年的杨安枝返回村寨。当选村民组长，过上了"清风徐来、推窗见绿"的恬静乡村田园生活。

当人们问及杨安枝为何舍弃舒适的城市生活返回村里时，杨安枝乐呵呵地回答："以前，经济不发达的时候，村里的绿水青山，只当是贫穷的一种象征；现在，宽敞明亮的水泥硬化路，漂亮的村容村貌、秀丽迷人的乡村田园风光，可是一笔无价之宝嘞。"

2018 年，村里的连组路、连户路全部硬化覆盖完成。至此大湾村人们远离了"晴天一身灰，雨天一身泥"的现象。

而对于村里医疗卫生的变化，在这里当了 23 年村医的杨再邦最为熟悉，"最开始的村医务室，是我从家里腾出的一个房间。如今这里的村医务室有 120 平方米左右，而且输液室、药品房、听诊室这些都是分开的，很是方便。以前村卫生室地方小，村民们看病只能挤在一起。遇到输液人多的时候床位不够，就只能坐在凳子上输液，现在我们的村卫生室有 8 个房间了。"杨再邦一边整理药品，一边向笔者介绍。

为了方便村民晚上出行安全，2018 年 5 月，村里的 255 盏太阳能路灯亮了起来。

改变了以往夜幕降临，村民只好“摸黑”出行的现象。

如今的大湾村，一改往日面貌，一条蜿蜒的山路像玉带一样环绕着大湾村，一排路灯像卫兵一样整齐排列在路旁。村活动室门口的广场上，群众带着小孩嬉戏。村口的公交站点，公交车总会准时到达。这一幅美丽的乡村画卷是大湾村的人们盼了几辈子的梦。“下一步，我们还将依托大湾的自然条件，打造乡村旅游为主，让村民致富增收，让大湾乡村振兴。”村第一书记胡兴炜说道。

来源：《铜仁日报》2019 年 4 月 2 日

贵州玉屏：传统建筑文化焕发新生

下了点小雨，大湾村显得十分神秘，侗族吊脚楼升起的缕缕炊烟在云雾缭绕的青山中把大湾村刻画得如古诗“篷窗细雨湿炊烟”中的那般美好。木结构、小青瓦、吊脚楼，外环廊式，标准的传统侗族建筑与周围的青山绿水融为一体，相得益彰。

贵州省玉屏侗族自治县是全国五个、贵州省唯一的侗族自治县，而大湾村和朝阳村是迄今玉屏侗族文化保存得最完整的村子，两个村子距离不远，都在绿水青山的怀抱中，侗族文化、侗族美食、侗族建筑在这里都得到了很好的保留。

近年来，对于传统建筑的保护，一直是人们关注的话题。传统建筑保护，玉屏也在逐年增加保护力度，投入大量的人力、物力。大湾村和朝阳村是国家传统村落，也是省级风景名胜区，为了更好地保护传承侗族文化，两个村子都被重点规划打造。

侗家建筑多为木结构，因年代久远，村子里许多房屋出现了破损、倾斜等情况。为了保护传统建筑，玉屏对它们进行了保护性修缮，全部采用原木维修，最大限度保证建筑的原始风貌。“对房屋进行原貌的修复，让侗族文化在保护中传承、传承中发展。”县住房和城乡建设局班子成员、风景名胜区管理局局长姚大鹏说。

走进大湾村，每栋建筑都被刷了新油，红灯笼、红对联让黑得发亮的侗家建筑更具传统文化魅力，房屋周边的鸡鸣鸭叫与村民忙碌的身影使得老建筑焕发出了新活力。“我家的房子以前不是这个样，政府给我们刷了油。破损的地方都给恢复了原来的面目，现在住起来比以前舒服多了。”大湾村村民潘家碧说。

除了对每栋木房都进行了刷油、修缮外，村子所有的电线，全部换新，大大减少了老化线路带来的安全隐患。

“目前，大湾村和朝阳村已被列入玉屏北侗箫笛之乡风景名胜区总体规划，正在全力打造乡村旅游，民宿、活动、垂钓、美食都可以满足游客需求。”姚大鹏说。在大湾村新修的侗家建筑与旧的建筑有了鲜明的对比，新建的建筑气势恢宏、雕梁画栋，旧的建筑简约低调、温馨典雅，而传承中发展也在这新旧对比中得以体现。

据了解，玉屏目前累计建成传统村落项目31个，完成投资1179.9万元。“传统建筑的保护、发扬和传承，还是需要大家都参与到传统文化和这个建筑的保护和发展中来才行。”姚大鹏望着已经修建完成的侗家建筑目光坚定。

来源：中新网贵州新闻　2018年9月27日

⁎传　说

罐罐油茶的传说

很久以前，有父女俩从远方逃难来到湖南贵州交界之处。

一天，父女俩讨饭时，遇到一家小孩突然晕倒不醒，见主人忙得不知所措，痛哭不止。其父便劝主人莫哭，他可以试着想想办法。主人听到这么一说，急忙跪在父女俩面前恳求，父忙叫女儿解开布袋子，取出自备的草药，在几个穴位上擦，并在颈部点了几穴灯火，小孩很快醒过来了，主人感谢不止。

从此，人们都知道了父女俩的高明医术。一传十、十传百，不久方圆几十里的地方都来请他父女俩治病。他们也逐渐和当地人交上了朋友。人们也对父女俩非常信任，相互结下了深情友谊。

女儿名叫秀珍，长相很好，桃红肥嫩的笑脸，眉清目秀的眼睛，漆黑发亮的小辫，能说会道的口齿，特别惹人喜爱。

几年后，秀珍长到了十五六岁，更是容貌似花。这年八月十五，父女俩被人请到十里开外的龙塘去治病，在路上刚好与一伙官兵抬着的思州（今岑巩）县太爷碰个正着。县太爷把秀珍上下左右瞧了一番，即令官兵停下，不问青红皂白把秀珍抢走。

秀珍的父亲哭啼央求，县太爷不但不理，反而把秀珍的父亲踢倒在地。县太爷把秀珍押到思州作为第十二个老婆，那时有钱有势的人都喜欢娶十二个老婆，盘十二个儿子。

县太爷已年逾古稀，第一个老婆已年过花甲，秀珍受着难以忍受的痛苦，曾多次打算悬梁自尽，因常有差使严加监守故未成功。一天中午，秀珍与一位二十几岁的男差在柑子林中乘凉，不料被县太爷看见，县太爷怒火冲天，把那男差当场斩首，命差使对秀珍毒打。之后，每顿只用二两米磨成粉，做成黄豆大的圆子，加上老茶叶用罐子煮，用筷子拈来吃，不能倒于碗中，还限点燃一寸香的时间吃完，吃不完不能再吃，哪怕再饿。

时间一天天过去，秀珍也一天天地吃罐罐食，半年过去了，县太爷看到秀珍的身体不但没变坏，反而比以前更加健美，莫名其妙，便向秀珍逼问来由。秀珍苦脸带笑地回答：“命不该死，黑可变红，山珍野味，益人无穷。”县太爷无话可说，又不好生秀珍的气。县太爷想来想去，使出了阴谋，把秀珍这种吃食取了个美名叫“罐子茶”，并以秀珍的健身例子大张旗鼓地宣传这种罐子茶的益人功效。把此茶作为招待一切官员的上品，县太爷的这一招很快传遍了四面八方。

有一次，一位八弓来的翰林博士特来拜访，要见识县太爷的这种罐子茶，县太爷为保其声誉，命秀珍亲自制作献上。那博士品尝后立即跷起拇指夸奖，“高明，高明，这种罐子茶观其色，色无不上也，闻其香，香无不上也，品其味，味无不上也。”

不到一天，这种罐子茶很快传遍了整个思州城和村庄。老百姓都认为博士的话威信可靠，于是也把这种罐子茶作为款待亲友的佳肴。不过都没听哪人说过有像秀珍姑娘制作的那种奇特表现。

几年后，县太爷看到前十一个老婆一年年变老，唉声叹气，心想要是她们十一人都能像秀珍那样变得娇美那该多好啊！于是心生一计，向秀珍讨好说：前些年是我太爷的不对，偏待了你，我向你悔过，从今天起我对你们十二个老婆人人平等，都天天和你一起吃罐子茶，表示我对你们一片公平心意。秀珍明知有鬼也只好答应。县太爷给每人买一个罐子，每顿每人二两米，磨成粉做成圆子，加上老的生茶叶照样煮着吃，不到两个月，秀珍身体变得比以前更健美，那十一个却变得像瘦猴。县

罐罐油茶　　　　（姚祖告　摄）

太爷觉得不对，逼着秀珍说出真相，秀珍回答说：“这种吃食是贱食，贱人吃了体发强，富人吃了体发黄.它是贱人的朋友，是富人的对头，它是一伙追魂夺命之鬼；见贱人就让，见富人就上，吃得吃不得，你是狗屁不懂，看来县太爷是好心不得好报了。”县太爷大怒，又一次将秀珍毒打，差点断了气。县太爷眼看事态到了尽头，当天夜里趁思州河洪水大涨之时将秀珍投河溺亡。

再说那博士离开思州后，做梦也想吃思州的罐罐茶。因为在一年里，吃到老百姓制作的若干罐子茶都与在思州吃到的大不一样，差别很远。

为了弄个水落石出，博士第二年只好重返思州，当他重返思州时再次吃到别人制作的罐子茶也和第一次吃到的千差万别。到底是怎么回事？他只好向县太爷问起当年亲自给自己制作罐子茶的那位姑娘。县太爷老半天才说：“死了。”博士进一步向差使打听真情。一些同情秀珍的人把实情照直吐露才真相大白。博士两眼含酸，他为了倾泻心中怒气，及时告诉了思州附近的老百姓。老百姓听了这事对县太爷恨得咬牙切齿。都说：我们要坚决把秀珍的手艺永远传下去，传给子孙后代。

朝阳、大湾一带的人听后，人人悲痛至极，人们还为她举行了三年的“三三三、六六六”悼念活动，三三三是悼念活动举行三场，每年三月，悼念三天。六六六是三年内每年月初六、十六、二十六。简称三六悼念活动，这三天悼念的内容是照着秀珍姑娘吃罐罐食，不吃别的，后来朝阳一直没有放弃这种食俗，而且加以改善，增加了油、香料，形成了罐罐油茶。

赶坳的来历

赶坳，是大湾传统而又盛大的节日，俗称“赶坳节”。它是侗族男女青年相聚山坳，以对唱山歌的形式，谈情说爱，寻找自己心爱的恋人，以求鸾凤和鸣，共度百年。

这样一个充满浪漫色彩且又热闹、火爆的节日，原本就有一个悲情、美好并浪漫的传说。

很早以前，在玉屏西南边的一个寨子里，有一个叫姣妹的侗族妹子，聪明美丽，心灵手巧，她唱得一口的好歌，歌声飞起，恰如百灵鸟一样的婉转动听。到了十六七岁的时候，亭亭玉立的她出落得像三月的桃花，惹得寨上甚至更远的小伙们都心动不已，纷纷托媒上门提亲。蝶恋花，后生爱美女，这本是天经地义的事，可恰恰寨上一个花心的老财主，偏偏看上了姣妹，要娶她为第六房。老财主有钱有势，霸道张扬，他生怕有人把姣妹娶走了，赶忙派狗腿子上门传话，对姣妹的爹妈放出狠话：这门亲娶定了，若识相，那就红花彩轿抬进门；若不识抬举，则绳索棍棒抢进门！倘若有哪个吃了豹子胆的小子，敢与老爷争亲，那这小子也就怕活到头了！老财主狠话一出，姣妹的爹妈整日愁眉苦脸，原来上门提亲的也都从此避得远远的。

姣妹劝爹妈，莫着急，急坏了身子害自家。爹妈哪能不着急，财主心狠手辣，说得出就做得出，哪天说不定绳索上身，不知不觉就绑进府去，同这老朽一起，岂不是看着女儿跳进火坑。姣妹说，我宁死不去那老鬼家，莫非他真能把我吃了？看着唉声叹气又无所措的爹妈，姣妹也闷闷不乐，寨子里再也听不到她动听的歌声。

姣妹上坡打猪菜。听到对面坳塝上传来一阵清脆的歌声，她抬头望去，一个砍柴回家的年轻小伙，正站在坳塝上，一边用手拐子抹汗水，一边对着这边唱歌。

唱歌的人叫三郎，是隔壁寨子的小伙。他也十分喜爱姣妹，只是家境贫穷，既不敢向她表露心迹，也请不起媒人上门提亲。他听说老财主想霸占姣妹，心里愤愤不平，就想远远地用歌声安慰她，鼓起她生活的信心。

姣妹听了歌声，也用歌回应三郎，谢谢好人的关心。

当姣妹又出来打猪菜时，发现三郎又在那坳塝上，心里顿时有种别样的感觉，她不知三郎是凑巧还是有意在那里等待。三郎见姣妹来到，立即唱歌问好。姣妹也同样回唱。一曲又一曲，两人慢慢走到了一起。歌声变成了轻轻细语，柔柔情肠，直到太阳落坡，二人才依依不舍地分手。

连续几天吐心诉情，缠缠绵绵，相许终身。很快，这消息不但寨子上的姐妹知道了，老财主也同样知道了。他大为恼火，命狗腿子急忙上门对姣妹的爹妈说，老爷发怒了，必须立即将姣妹守在家里，不许出门，就在这几天，老爷将选择吉日，大喜成亲。

三郎听到消息，坐立不安，趁着夜色，在姣妹的好姐妹们的帮助下，悄悄来到姣妹家，要带她一道外逃。爹妈虽万般不愿，担心女儿今后受苦遭罪，但是不逃走，就得嫁给财主老爷；心一横，也就答应了两个年轻人的请求，任他们为情而奔。

财主老爷得知姣妹与情人私奔了，气得暴跳如雷。他立即找姣妹的爹妈大闹一场，又到隔壁寨子三郎家大闹一场，还派人四下打探，看二人逃到哪去了，只要发现他们就抓回来一并处置。

姣妹在三郎的带领下，他们逃进了深山老林，在一个叫尖坡的地方安顿下来，搭起茅屋，垦荒种地，男耕女织，恩爱度日。没想到，平静的日子才过半年，老财主还是打探到了他们的踪迹，派人要抓他们回去。

二人宁死不从，在一处悬崖旁，大声喊道：我们生是夫妻，死也是夫妻，今生来生永不分离……之后，相拥而吻，纵身一跳。就在他们的身子在悬崖间坠落时，突然，崖间风声大作，祥云飘飞，紧接，风声变成了清丽婉转的鸟声，祥云里飞出一对美丽的画眉鸟。两只画眉在崖间自由地飞翔，翩翩袅袅，啁啾鸣唱。

兄弟姐妹们都相信姣妹同三郎化成了画眉鸟，从此，在山清水秀的天地里，过起了无人打扰、自由自在、幸福恩爱的夫妻生活，天长地久，同日月共老。此后，追求恋爱自由的侗家青年男女，在姣妹和三郎的殉情日，成群结队地赶到他们化为画眉的尖坡坳，用歌声怀念和赞美、歌颂他们。赶来看年轻人唱歌的长辈们，会带来画眉助兴，让画眉的婉转之声同青年的歌声，声声相应。

久而久之，赶坳演变成了青年男女对唱情歌，寻找恋人的“侗家情人节”。

神鸟解心愁

相传石榴坡脚有个晒银寨。住着个姜老宽，姜老宽有个姑娘叫妹姑。妹姑满五岁的时候，爹妈就收下了龙岩寨二舅家的彩礼，只等成人就嫁给二舅家那个比妹姑小四岁的孬郎

山里的石榴花开了十七回，山里的酸梅熟了十七次，妹姑也换了十七套新衣。换一回新衣，妹姑就漂亮一分，换到十七次，妹姑像一朵刚开的山茶花一样漂亮。她下河，蜂儿跟在她身边歌唱，她进湾，蝴蝶跟在她身边起舞。只要妹姑一露脸，哪怕是惊弓的鸟都凝神不飞了。

妹姑不但长得漂亮，而且心灵手巧。她纺的纱，像蚕丝一样柔滑匀细；她织的侗锦，像天上的彩霞一样美丽。她绣花，花溢香，她绣鸟，鸟儿都展翅飞起来了。

侗家玩山赶坳爱唱歌。远近各寨的后生，哪个不想跟妹姑对首歌？远近各寨的姑娘，哪个不想和妹姑走同年？但是，别寨的后生邀妹姑，妹姑开歌对答，就是龙岩寨的后生一开歌，歌场就冷下来了。别寨的姑娘邀妹姑走同年，好妹姑就高兴地答应，就是龙岩寨的姑娘邀妹姑，妹姑总不肯点头。十七岁的姑娘，有自己的心事，

妹姑总不爱见比自己还矮半截的尕郎。

翻过十二月就是新年，翻过十七妹姑十八了。十八的姑娘该出嫁，龙岩寨要来人迎亲了。妹姑哭了几天几夜。一天天刚亮，只见一只五彩鸟儿飞到妹姑的窗台上，朝着妹姑叫："妹姑妹姑，跟我来。"妹姑抹了把泪，叹口气说："吉祥的云彩，会带来福音，吉祥的鸟呵，你叫妹姑为什么？若你能给妹姑解开愁肠，那你就在我头上绕两圈吧。"妹姑的话刚说完，那鸟儿就在头上绕了两圈。

妹姑见彩鸟这样有灵性，便跟了去。鸟儿在前边飞，妹姑在后面跟，走啊走，也不晓得走了多远，日头落坡的时候来到一个山湾里，那鸟儿突然不见，妹姑这才慌了起来。

这山湾叫桃溪湾，溪口住着一户一老一少的人家，少的是个勤劳厚道的后生，名叫响郎，老的就是响郎娘了。这响郎都二十一了，只因头上长疮，到处求医，总断不了根，自己觉得讨哪家的姑娘都冤枉了人家，因而死了玩山借带的心，只晓得天天进山砍两挑柴卖，换升米敬养母亲。这天响郎正从山里砍柴回来，见一个姑娘满脸惊慌，呆呆地站在路边，不由心里可怜起来，就开口问道："侗乡千百座林子，千百处草坡，过路的妹，不知你是哪座林子里的阳雀，哪处草坡的锦鸡？"妹姑正惊慌，听到响郎这一问，反倒落下泪来。响郎见妹姑流泪，赶忙劝解："阿妹，莫伤心，敲下石头满湾响，你有什么难处，只管说来，我都尽力帮你。"妹姑见响郎这么热心肠，心头都宽了，于是抹了眼泪说出自己的遭遇。响郎听了，倒为难起来，只好说："阿妹，太阳落坡鸟归窝，现在天都快黑了，若不嫌弃，就跟我出这山湾到我家陪我娘坐一晚，等明天再打主意。"妹姑见响郎是个厚道人，就跟着出了湾。

响郎回到家里，把事情跟娘一讲。娘高兴得很，忙烧水煮饭，安排妹姑住下。哪想妹姑连日忧愁，又一路辛苦，夜里病倒了。这回可把响郎娘俩忙得团团转。响郎忙着找药，耽误了砍柴，下锅的米一天比一天少。一天，早饭又不够了。响郎娘招呼妹姑吃过饭，回到火塘边喊响郎吃早饭，响郎见到剩下的饭不多了，就全推给娘吃，娘俩你推我让，叫妹姑听到了，心里好过意不去。想起响郎娘俩像待亲骨肉一样待自己，不由得流下了感激的泪水，心里再也舍不得离开他们了。

日子过得蛮快，妹姑的病好了。一天，妹姑对响郎说："响郎哥，我陪你进山砍挑柴，请莫嫌妹挡哥的路。"响郎不好拒绝，和妹姑一起进山去了。

响郎和妹姑走到溪边，妹姑说："响郎哥，这水清幽幽的，喝了这水，人都舍不得到哪里去了。”响郎回答说：“妹，你爱这水，你以后到哪里去，哥都帮你挑挑去。”

响郎和妹姑走进山里，妹姑看到树上两只阳雀你一声我一声地唱着，又说：“响郎哥，你看那两只阳雀唱得多好。”响郎说：“妹，你爱那阳雀，明天我拿套子进山给你捉两只。”

响郎和妹姑走到岩畔上，妹姑看到岩边开着热热闹闹的石榴花，又说：“响郎哥，这花真好，你摘朵去吧。”响郎说：“妹，哥哥不配摘好花，等配摘的人摘吧。”

响郎和妹姑来到一棵大树下，妹姑说：“响郎哥，唱首歌吧，莫把人闷了。”响郎说：“妹，你唱吧，哥不会。”妹姑又说：“哥，山间的画眉柳边的莺，说不会唱，怕是嫌妹哟。”响郎推不了，只好说：“若妹肯教哥，哥跟妹学。”

妹姑微微一笑，开歌唱道：

石榴生长在山间，
枝头开花朵朵鲜。
哥若有心移蔸去，
栽好园中红百年。

响郎听了唱道：

石榴生长在山林，
听妹出言各知音。
哥哪有心分花朵，
命苦愁怕雨来淋。

妹姑又唱：

为妹命苦失了窝，
借哥枝头好落脚。
哥若不嫌肯相待，
飞也同飞落同落。

响郎接唱：

哥劝妹想不是嫌，
好树枝头万万千。
枯枝歇脚歇不稳，
雨打根翻无人怜。

唱啊唱啊，妹姑唱了一首又一首，响郎还了一支又一支，妹姑打了九千九百九十九个比方，表示自己愿生死跟着响郎。响郎也打了九千九百九十九个比方，劝妹姑选个英俊后生，总不答应妹姑跟自己，妹姑伤心地哭了。

妹姑不愿离开响郎家，为这事还不知哭了几多回呢！一天大清早，妹姑到井边挑水，又见那只五彩鸟飞到她身边，妹姑忧愁地说："吉祥的鸟啊，若你带来吉祥就告诉我哪样药能医脓疮吧。"妹姑话刚落，那鸟儿又叫道："妹姑妹姑，跟我来。"翩翩朝着山里飞去。响郎煮了早饭，没人吃，妹姑进山还没回来。

响郎娘煮了中饭，也没人吃，响郎也进山找妹姑去了。

响郎娘晚饭也不煮了，来溪口望着，把太阳都望落坡了。突然听到山湾里传来歌声：

怨你久——
同修姻缘同求松柏四季青，
同修姻缘一同栽种同扶持，
风调雨顺自自然然盘成林。

随着歌声，只见妹姑甩下响郎跑来，把红扑扑的脸埋在响郎娘怀里，响郎娘还不清楚怎么回事呢。

*民间语言

谚语

生活与亲情

冬吃萝卜夏吃姜，不用医生开药方。

吃饭不离老屋场，养猪不离打粉房。

当家才知柴米贵，养儿才晓父母恩。

儿不嫌母丑，狗不嫌家贫。

公讲公有理，婆讲婆有理，媳妇说来大道理。

压逼不成生意，捆绑不成夫妻。

嫁出去的姑娘，泼出去的米汤。

崽望娘，扁担长，娘望崽，断肝肠。

会做媳妇两头瞒，不会做媳两头传。

公不离婆，秤不离砣，扁担不离箩筐索。

装在碗里都是菜，手板手背都是肉。

独柴难烧，独崽难教。

背地不教子，当面咬牙齿。

养儿不读书，等如喂个猪。

养崽不学艺，挑断撮箕系。

跟着好人成好教，跟着坏人成强盗。

儿孙自有儿孙福，莫给儿孙做马牛。

吃不穷，穿不穷，不会算计一世穷。

家中无水多挑担，哪有工夫累死人。

千金难买老来瘦。

三十不掏耳，四十不剔牙。

早上三盅，一天威风。

世态与交际

强中更有强中手，莫在人前自夸口。

善有善报，恶有恶报，不是不报，时候未到，时候一到，自然要报。

猫急上树，狗急跳墙。

万丈深潭终有底，只有人心拿不得。

鼓不打不响，话不讲不明。

大路不平旁人铲，刺蓬不通有人砍。

缸口封得起，人口封不住。

拉得住的手，封不住的口。

野兽的皮好认，坏人的心难摸。

猫哭老鼠是假，狗爱骨头是真。

莫把黄牛当马骑。

躲脱不是祸，是祸躲不脱。

鼻子专闻香与臭，眼睛能看善与恶。

杀猪杀登喉，帮忙帮登头。

水到门前慢开沟。

心中有事心中怯，心中无事硬如铁。

筷子撬不动地脚枋。

人要忠心，火要空心。

吃菜听味道，讲话听落头。

有口讲人家，无口讲自家。

开水不响，响水不开。

只有抬不动的山，哪有请不动的人。

有盐同咸，无盐同淡。

一人挑一担，万人堆成山。

吃药不投方，哪怕用船装。

三句好话暖人心。

外头得个唧唧雀，屋里失落母鸡婆。

蚊虫遭扇打，只为嘴唠杂。

豆腐越滤越有渣。

顺风不要几棹片，背时只在一眨眼。

扁担无爪，两头滑塌。

十个说客，抵不得一个撮客。

嘴巴是扁的，讲话是圆的。

酒醉真君子，饭胀憨脓包。

山是狗撵的，话是酒撵的。

坐在一块土，便是一家人。

宁喝过头酒，不讲过头话。

兔子不吃窝边草，岩鹰不打窝下食。

酒醉旁边有醒人。

屋檐水滴现窝窝。

吃得亏，做得堆。

纺花织布真君子，赌钱打牌背时人。

老虎也有蹿坎时。

横柴进不得灶窿，木马进不得口袋。

家有千口，掌舵一人。

天天待客不穷，夜夜做贼不富。

励志与奋进

懒人急在嘴上，勤人忙在腿上。

出门不弯腰，进屋没柴烧。

草鞋烂了四股筋，破船烂了四箩钉。

穿烂的草鞋往后丢。

人不出门身不贵，火不烧山地不肥。

穷得新鲜，饿得硬棒。

人不贪财鬼也怕。

三分靠教，七分靠学。

杀不完的猪，读不完的书。

事不做不知，路不走不熟。

眼是江湖口是路。

农业和气象

小满栽秧线子短，芒种栽秧光杆杆。

惊蛰前后，种瓜种豆。

清明下苕，谷雨下秧。

种田不换种，累得背打躬。

打铁抢火色，种田抢季节。

冬耕深一寸，春来省堆粪。

田头走一走，屋里添三斗。

重阳无雨看十三，十三无雨一冬干。

雷打冬，十个牛圈九个空。

六月初三溜一溜，一直落到秋。

一伏荞麦二伏（黄）豆，三伏四伏种绿豆。

八月寒露莫上前，九月寒露莫到后。（播种油菜）

惊蛰打霜，一半谷子一半秧。

宁可栽秋苕，不可种秋荞。

清明不雪断，谷雨不霜断。

麦怕连夜雨，谷怕午时风。

立夏要下，黄金满坝，立夏不下，犁钯高挂。

麦倒一包糠，荞倒无箩装。

沙雪打底，预备柴和米。

四月八，冷死老母鸭。

七月蜂子八月蛇，九月黄鳝惹不得。

七月半，蚊子像扯钻。

九月九，老狗不离灶门口。

歇后语

谷子倒进打米机——不要碾（脸）

神龛上丢粑粑——赖鬼

神龛上挂虾耙——莫害捞（劳）神

烂泥田头扳桩——越扳越深

猴子扳苞谷——得包丢包

烧香摸屁股——惯侍手脚

癞蛤蟆打哈欠——好大的口气

坛子里头捉乌龟——十拿九稳

落雨挑稻草——越挑越重

瞎子打灯笼——可惜蜡烛

黄鼠狼过田坎——只有那点梭势

鸡脚杆上刮油——光棒棒

扁担吹火——一窍不通

十两银子——一锭（定）

灶门口烧黄鳝——熟一节吃一节

灶门口烧红薯——一捧、二吹、三拍

沙土的萝卜——带着就来

麻雀吞苞谷——下蛮

蓑衣上的跳蚤——没有弹（谈）的

瞎子戴眼镜——多余的框框

墙上挂团鱼——巴不得

黄泥巴筑墙——围院（唯愿）

穿钉鞋拄拐棍——把稳着实

单身汉做媒——各顾各

石板上栽花——活不成

火烧芭茅草——遍地光棍

八月的高粱——老来红

稀泥巴搭田坎——巴不上

老鼠养崽——白替猫挣

猫和狗——和不久

三十晚上催肥猪——晚了

瞎母鸡遇到米头子——行运

豆腐落到灰头——拍不得

正月的腊肉——有盐（言）在先

螃蟹上树——巴不得

麻布洗脸——粗（初）相会

年三十的砧板——不得空

进窿的蛇——出不来

癞蛤蟆垫磉礅——石（死）打石岩（死捱）

脚底板抹油——梭得快

童谣

（一）

月亮光光，打火烧香

烧到哪里，烧到庵上

庵上打鼓，蛤蟆吓出

蛤蟆下了一葡蛋，拿给娃娃做早饭。

（二）

排排坐，吃果果，果果香，吃干姜。

干姜辣，吃枇杷，枇杷苦，吃猪肚。

猪肚烂，吃鸡蛋。鸡蛋尖，尖上天。

天又高，买把刀。刀子快，好切菜。

菜又青，买颗针。针又秃，买个牛。

牛不走，换个狗。狗又花，好看家。

（三）

点子点菠萝，园地唱嗨歌。

菠萝好吃，青布蓝布十二匹。

有钱的，买来吃。

无钱的，又出去。

（四）

娑罗树，娑罗丫，娑罗树上好人家。
大姐雕朵灵芝草，二姐雕朵牡丹花。
剩得三姐不会雕，坐在家中纺棉花。
纺一纺，哭一声，哥哥问她不作声。
早上吃的苦竹笋，夜晚吃的折耳根。

（五）

烟子烟，莫烟我，
我是天上梅花朵。
你一朵，我一朵，
杀个猪来打平伙。

（六）

娃娃崽，你莫刁（刁即调皮）。
你家老崽我认得到，
头上戴个歪歪帽，
屁股上贴张狗皮膏，
整天都是醉醺醺，
家到哪点也找不到。

（七）

嫁姑娘，你莫哭，
转过弯弯就到屋。
婆家新房亮堂堂，
生个满崽白胖胖。

（八）

月亮走，我也走，
我给月亮提笆篓。
一提提到后门口，
打开后门摘石榴。
石榴树上滴点油，
大姐二姐来梳头。

大姐梳的盘龙髻，
二姐梳的牡丹花。
只有三姐不会梳，
丢了梳子绾鬏鬏。

民谣

（一）
又开太阳又落雨，
又接媳妇又嫁女。
（二）
月亮大，星星小，
早早起来去做活，
人勤快，阳春多，
吃了饭饭吃梭梭。
月亮大，星星小，
早早起来去薅草，
薅了草，阳春好，
收到屋里吃饱饱。
（三）
看牛伢崽你莫雄，慢慢围你进鸡笼。
三天喂你一颗米，看你二天雄不雄。

顺口溜

贵州来钱真是广，
不挑全皮挑寸方。
一肩挑到河坎上，
一手抹汗一手接子洋。

人　物

大湾历史悠久，一直以来有着众多名士俊杰带领当地村民谋求发展，对当地的建设作出了杰出贡献，被人们传为佳话，为世人传颂。

*人物传

潘安鉴（1840—卒年不详） 男，大湾村人，是远近闻名的阴阳先生，精通丧葬民俗、坟地风水，附近村民家中有丧事者，均请其前往主持相关事宜。据传在清朝，英国人到大湾开“银”矿，常常骚扰当地妇女，引起民愤。当地乡绅组织村民到县衙门告状，到县衙门门口后乡绅不敢前往，潘安鉴口才了得，见状便自告奋勇进县衙门呈送状纸。县衙门了解英国人开矿扰民情况后，立即派人一同前往大湾，发现村路旁有许多刚从土地中取出的石堆，误认为坟。潘安鉴顺势解释道：当地地贫土薄，无法挖深土坑，只能以石头覆盖葬之。县衙门官员以土地贫瘠、不宜开矿为由，派兵驱赶英国人。潘安鉴与官兵一起驱逐英国商人保住了国家矿产资源的事迹被流传至今。

吴本全（生年不详—1976） 男，大湾村人。曾连任十六村村长、大湾支部书记、大队长、民兵连长。1950 年 12 月，镇远、铜仁会同 3 个军分区围剿毗邻地区凉伞雪洞之匪时，在大枫场战斗中，主动为解放军打凉伞土匪做向导，大小匪首被擒，匪患根除。其后作为剿匪英雄参加贵州省学习会议。吴本全一生清正廉洁、为人忠厚正直、乐于助人，常常在村中帮助其他村民做一些力所能及的事情。1976 年 7 月，玉屏县 14 人组成的农业大寨学习参观团，赴山西省昔阳县大寨大队参观学习，28 日在唐山遭强烈地震，吴本全等 13 人遇难。

刘源植（1936—2004） 男，大湾村铜鼓塘组人。1947—1953 年，先后在大湾小学、湖南省凉伞镇冲首私塾、玉屏城关一小就读小学，1956 年从新晃中学毕业，进入铜仁师范学校学习两年。1958 年 8 月，进入新店民中任教，同年 12 月到跃进中学任教。1960 年 11 月调入玉屏中学，一年后调玉屏一小，1965 年 9 月在玉屏二小任教，1970 年 9 月调丙溪小学任校长，1971 年 9 月到铜仁师范学校进修，1972 年 2 月调新店小学任教。1976 年 9 月新店中学建校，调任校长。1988 年 2 月任玉屏印山民族小学校长，1988 年被聘为中学一级教师，同年 9 月被贵州省教育委员会授予三十年教龄荣誉，1992 年 8 月退休。1993 年 12 月，县教育局成立县退（离）休教育工作者协会，任协会理事。刘源植从教 34 年，为人师表，立德树人，履职尽责，教学成绩突出，1959 年获玉屏公社（三县合一）物质奖，1965 年获县教育局物质奖励，1992 年 3 月，被铜仁地区教育委员会评为德育先进工作者。刘源植一生为人刚正不阿，处事光明磊落，工作多年一直有良好的声誉。2004 年在家与世长辞，享年 68 岁。

*人物简介

杨通辉 男，大湾村洞上组人，不遗余力地传承“非遗”文化，他从小喜欢唱山歌，但侗族山歌一直处于口头传唱的模式，由于会唱山歌的老人们相继离世，侗族山歌面临失传危险。从 2013 年开始，两年多的时间里，杨通辉挨家挨户搜集散落在乡间的侗族山歌，走遍了村里村外的山间小路。空闲的时候，杨通辉就回忆从小到大学唱的山歌，并记录在册，装订成书。杨通辉将 2000 多首不同种类的侗族山歌整编成书。

2014 年，杨通辉与同为山歌爱好者的吴配祥和吴绍刚，联合成立玉屏侗族自治县民间文化艺术协会，他担任会长。为了壮大协会，杨通辉四处招贤纳士，无论乡镇县城，还是省内省外，只要有举行民歌赛的地方，就会出现他的身影。他在比赛现场仔细倾听选手声音，并千方百计邀请赛场上声音清透洪亮的歌手加入协会。

2014 年 12 月 4 日，玉屏山歌代表队的节目《法制讲堂到村庄》在贵州省首个纪念国家宪法日少数民族法治山歌比赛中获三等奖。

2017 年 2 月 28 日，杨通辉参加《星光大道》选秀，在贵州选拔赛镇远赛区的舞台现场，年逾花甲的杨通辉身着精美的侗族服饰，嘴里衔着木叶，吹奏了一曲《笛乡颂》，曲声时而高亢激昂，时而婉转低吟，悠扬的木叶声赢得了观众阵阵掌声。

潘家桃 1948 年生，女，大湾村铜鼓塘组人，玉屏侗族自治县第五届人大代表，新店乡第七届人大代表。1998 年，新店乡推广生猪饲养新技术时，她把技术人员请到家指导，当年出栏肥猪 30 余头，收入 1800 多元。而后，她发展玉米肥球育苗，并与西瓜、中药材等进行科学分带轮作。依靠科学种植、养殖，年收入近 3 万元，她家也成了当地的“万元户”。她把学到的科学技术传授给当地村民，在她的带领和帮助下，铜鼓塘组 80% 的妇女掌握了生猪喂养技术，90% 的人家走上科技兴农的道路。

铜鼓塘组由于交通不便，物资流通极为困难。1999 年，潘家桃和当地村民吴本兴、吴本长等人商量修建铜鼓塘至新晃自治县凉伞镇、铜鼓塘至大湾村新寨组两条公路，得到群众的拥护和支持。她把修路所占的自家承包山林、土地无偿让出来，垫钱购买雷管、炸药。在她的带领下，村民争相让出山林土地、拿出积蓄，顶着严寒、冒着酷暑，奋战在修路工地上。要修通铜鼓塘至凉伞的公路，需要占用凉伞镇冲首村40余户的山林、土地，她上门多次协调公路占地，经过3个多月的努力，冲首村最终无偿让出修路所需土地。她向上级政府部门、企业、厂矿及个人寻求资金支持，2001年12月投资1.2万元，将10公里进村路修通。

吴继红 1968年生，男，大湾村铜鼓塘组人，侗族，新店中学毕业。1994年至2000年在玉屏县刘昆山箫笛社学习箫笛制作，2000年至2013年成立吴继红箫笛制作坊，开始带徒授艺，2014年担任玉屏侗族自治县箫笛厂厂长。参加工作后，他一直从事箫笛工艺制作，熟悉从竹子采买到箫笛销售整个流程，2015年被贵州省文化厅评为“玉屏箫笛制作技艺非物质文化遗产项目代表性传承人”，2019年获铜仁市“铜仁工匠”称号，2020年被玉屏侗族自治县评为“箫笛制作大师”，2021年玉屏侗族自治县箫笛厂被贵州省商务厅评为贵州老字号。

郑美妮 1981年生，女，侗族，玉屏人。2016年，时任新店镇党委委员、副书记、政法委书记，大湾村包村领导。2017年，担任大湾村党支部书记。2018年11月，因人事变动调离新店镇。近三年时间，她把大量时间和精力投入大湾村脱贫攻坚工作中，大湾村发生了翻天覆地的变化。

郑美妮为建档立卡户送去新衣

（郑美妮　提供）

为能尽快改变村里现状，她积极争取通村、通组、连户路项目10余公里，协调解决公路建设中的田土问题。基础设施有所发展后，她与驻村工作队集思广益，在村里发展跑山鸡、休闲垂钓、侗文化风情园等扶贫产业，号召村里的能人大户成立大湾村农民专业合作社，村里贫困户全部发展成为社员。先后争取省、市、县脱贫攻坚基金和财政专项资金近500万元，建成大湾村精品民宿，发展民俗体验产业。按照“房屋不跑风漏雨、有安全卫生厕所、圈舍、通自来水、室内外水泥硬化”的标准，实施“四改一维一化”工程，改善全村农户人居环境。

通过努力，大湾村的贫困发生率从2016年底的27%降至2017年底的3%，村容村貌焕然一新，受到群众普遍赞誉。在2018年省、市、县开展的群众满意度测评抽查中，满意度均达90%以上。2018年，大湾村作为玉屏迎检第一站顺利通过国家第三方验收。2019年底，大湾村最后的8户未脱贫户全部清零。

2018年7月，郑美妮被中共贵州省委员会授予全省脱贫攻坚优秀党组织书记称号。2019年5月，在铜仁市举办的2019年“巾帼心向党礼赞新中国”脱贫攻坚故事分享会上，分享了助力脱贫攻坚的小故事——《用真心真情真干 换群众信任点赞》。

*人物表

大湾村服兵役人员一览表

表 13

序号	姓名	出生年份	入伍时间	退伍时间	所在部队	备注
1	潘国周	1936 年 10 月	1955 年 3 月	1959 年 2 月	中国人民解放军	已故
2	杨志文	1940 年 5 月	1965 年 1 月	1969 年 3 月	中国人民解放军	已故
3	潘国相	1937 年 3 月	1966 年 3 月	1967 年 4 月	中国人民解放军	
4	姚远斌	1942 年 3 月	1968 年 2 月	1972 年 3 月	中国人民解放军	
5	杨长青	1947 年 12 月	1968 年 4 月	1973 年 3 月	中国人民解放军	
6	刘　英	1948 年 1 月	1968 年 4 月	1973 年 3 月	中国人民解放军	
7	吴宗绪	1950 年 9 月	1969 年 2 月	1975 年 3 月	中国人民解放军	
8	吴宗祥	1944 年 1 月	1969 年 3 月	1975 年 4 月	中国人民解放军	
9	杨光财	1948 年 7 月	1970 年 1 月	1974 年 2 月	中国人民解放军	
10	刘元成	1948 年 6 月	1970 年 1 月	1974 年 2 月	中国人民解放军	
11	姚沅武	1949 年 8 月	1971 年 1 月	1976 年 3 月	中国人民解放军	
12	杨昌炳	1950 年 12 月	1971 年 1 月	1977 年 3 月	中国人民解放军	
13	杨长伟	1954 年 2 月	1973 年 1 月	1975 年 3 月	中国人民解放军	
14	李茂堂	1954 年 10 月	1975 年 1 月	1979 年 12 月	中国人民解放军	
15	杨安全	1956 年 5 月	1977 年 1 月	1981 年 1 月	中国人民解放军	
16	姚敦林	1958 年 4 月	1978 年 4 月	1982 年 1 月	中国人民解放军	
17	吴配举	1958 年 5 月	1979 年 1 月	1982 年 1 月	中国人民解放军	
18	杨昌宏	1954 年 2 月	1979 年 3 月	1983 年 1 月	中国人民解放军	
19	吴继木	1970 年 2 月				

大湾村乡土特殊人才一览表

表 14

序号	姓名	性别	专长	序号	姓名	性别	专长
1	刘源健	男	赤脚医生	14	杨长海	男	木匠、篾匠
2	吴本厚	男	石匠	15	吴本全	男	木匠
3	吴宗平	男	石匠、木匠	16	吴宗华	男	篾匠
4	吴泽标	男	劁猪匠	17	杨国发	男	篾匠
5	潘辅荣	男	木匠	18	杨长鑫	男	篾匠
6	潘家林	男	木匠	19	潘家树	男	篾匠
7	潘家友	男	木匠	20	吴本兴	男	竹编
8	潘家周	男	木匠	21	姚源林	男	竹编
9	杨长松	男	木匠	22	吴继红	男	箫笛制作
10	吴春碧	女	歌师	23	刘源梅	女	歌师
11	黄艳葵	女	歌师	24	姚春梅	女	歌师
12	文和仙	女	歌师	25	吴和珍	女	歌师
13	张召云	女	歌师				

大湾村公职人员一览表

表 15

序号	姓名	工作单位及职务	备注	序号	姓名	工作单位及职务	备注
1	潘国松	玉屏侗族自治县原物资局工作人员	已故	10	杨荣洲	贵州省人民医院工作人员	在职
2	潘家修	玉屏民族中学工作人员	已故	11	杨　志	思南造船厂工作人员	在职
3	潘家斌	玉屏民族中学工作人员	退休	12	姚茂枝	玉屏侗族自治县公安局工作人员	已故
4	潘家强	玉屏侗族自治县公安局工作人员	在职	13	刘海洋	玉屏侗族自治县教育局工作人员	在职
5	潘昌俊	玉屏侗族自治县人力资源和社会保障局工作人员	在职	14	吴继红	玉屏县箫笛厂厂长	在职
6	潘彩虹	玉屏侗族自治县委组织部工作人员	在职	15	潘明英	玉屏侗族自治县委宣传部原副部长	已故
7	潘凤姣	玉屏侗族自治县教育局工作人员	在职	16	潘家齐	大湾小学教师	退休
8	潘世兵	玉屏侗族自治县检察院工作人员	在职	17	潘家玉	玉屏侗族自治县教育局工作人员	退休
9	杨宁凡	铜仁市供电局工作人员	退休	18	潘世英	皂角坪街道工作人员	在职

续表 15

序号	姓名	工作单位及职务	备注	序号	姓名	工作单位及职务	备注
19	潘熠杰	铜仁市供电局工作人员	在职	24	杨长易	思南造船厂工作人员	在职
20	潘昌清	镇远南站高速收费站工作人员	在职	25	姚茂斌	玉屏侗族自治县公安局工作人员	已故
21	潘世怀	玉屏民族中学工作人员	在职	26	刘沅植	玉屏侗族自治县教育局工作人员	已故
22	杨长荣	玉屏侗族自治县司法局工作人员	已故	27	刘开文	思南县行政事业单位工作人员	在职
23	杨长树	玉屏侗族自治县教育局工作人员	退休				

2020 年大湾村大中专以上在校生一览表

表 16

序号	姓名	性别	学历	学校
1	刘洪英	女	本科	贵州中医药大学
2	刘海群	女	本科	贵州师范大学
3	吴鑫梅	女	本科	中南大学
4	吴　川	男	本科	天津中医药大学
5	潘齐燕	女	本科	黔南民族师范学院
6	杨新宇	男	大专	铜仁职业技术学院
7	吴天洋	男	中专	玉屏侗族自治县中等职业学校
8	吴文康	男	中专	玉屏侗族自治县中等职业学校

2020 年大湾村 80 岁及以上老人一览表

表 17

序号	姓名	出生年月	序号	姓名	出生年月	序号	姓名	出生年月
1	吴凤芝	1933–08	8	姚沅姣	1938–07	15	潘家成	1939–09
2	姚沅珍	1933–10	9	吴本兴	1938–07	16	李玉姣	1939–12
3	李昌兰	1936–10	10	杨梅花	1938–10	17	吴本长	1940–04
4	文莲芝	1936–10	11	潘国钊	1939–02	18	潘国相	1940–09
5	潘国相	1937–03	12	刘满香	1939–07	19	杨秀花	1940–10
6	吴妹姣	1937–06	13	吴继隆	1939–08			
7	刘开祥	1938–02	14	潘国圣	1939–09			

大事纪略

1938 年朝阳大湾反抗兵役

1938 年冬，大湾与朝阳一带的村民在朝阳村姚本荣、杨承刚的带领下，组织 500 余人的武装力量，设防于朝阳村屙屎坳、干山坡一带，反抗政府抓兵派款及一切苛捐。玉屏县长刘汉彝为缓和局势，急派付相武等人前往劝阻，无效，遂令自卫总队长杨国秀带领自卫队壮丁 200 余人弹压，被击溃。刘汉彝见情势不妙，向镇远专署告急。数日后，派保安团黄汉横中队，连同县特务队和壮丁数百人“进剿”。激战于小路溪对面的囤上一带。晃县（今新晃侗族自治县）良知乡吴本刚闻讯，带领 100 多名侗族武装支援，战斗持续两天两夜。打伤官军多人，保安团排长陈世民被击毙在冈子岭，官军不支败逃。次年 3 月，刘汉彝复令杨国秀带领镇远师管区雷师长派来的部队和县保安队共 300 余人分两路进发。一路从牛鼻嘴，一路从道扒溪，会合于朝阳下寨囤上，伺机行动。大湾、朝阳侗族武装在姚本荣、杨承刚带领下，利用其熟悉的地形、道路，守关设卡，将官军围困。吴本刚又带领 600 余人的武装支援，用 5 门自制抬炮向官军阵地轮番轰击。杨国秀见武力难以慑服，即改变策略，派人言和，议定政府不追究这次事件的责任，不再随意抓兵派款。

2013 年《乡土》栏目进村采访罐罐油茶制作

2013 年，中央电视台《乡土》栏目到玉屏录制《玉屏人的宝贝》，将玉屏传承百年的牛市、罐罐油茶、箫笛三样“宝贝”展示给全国观众。节目编导贾冉跟随大湾村杨昌炳通过牛经纪卖牛，拍摄玉屏牛市的买卖。随后到大湾村山顶山的杨昌炳家中，拍摄大湾民居，抓拍大湾美食罐罐油茶的制作，围坐在大湾火铺吃“茶”。

2014 年大湾村入选中国传统村落

2014 年，经过前期调查了解，玉屏侗族自治县住房和城乡建设局递交了将大湾村纳入中国传统村落的申请。2014 年 11 月 17 日，住房和城乡建设部、文化部、国家文物局、财政部、国土资源部、农业部、国家旅游局联合下发文件，公布第三批列入中国传统村落名录的村落名单，大湾村入选。2015 年 4 月，玉屏侗族自治县住房和城乡建设局建立了中国传统村落大湾村档案。

大湾村获中国传统村落荣誉牌　（杨　锋　摄）

2018 年大湾村整村出列甩掉“穷帽子”

大湾村是玉屏侗族自治县 14 个深度贫困村之一、新店镇唯一的深度贫困村，全村 262 户中有建档立卡户 77 户。实施脱贫攻坚后，逐步完善基础设施，发展产业，提高群众生活水平。2018 年 7 月 7—13 日，国家第三方检查组到玉屏评估脱贫攻坚，实地走访大湾村。9 月 21 日，贵州省人民政府发布通告，宣布玉屏侗族自治县退出贫困县行列，大湾村整村出列，甩掉“穷帽子”。

2018 年大湾村获“贵州省少数民族特色村寨”称号

2018 年 12 月 7 日，贵州省委统战部、省民宗委、省文化和旅游厅下发文件，命名大湾村为第三批“贵州省少数民族特色村寨”，并予以授牌。

附 录

住房和城乡建设部等部门关于公布第三批列入中国传统村落名录的村落名单的通知

（建村〔2014〕168 号）

各省、自治区、直辖市住房城乡建设厅（建委）、文化厅（局）、文物局、财政厅（局）、国土资源厅（局）、农业厅（农委）、旅游局：

根据《住房和城乡建设部等部门关于印发传统村落评价认定指标体系（试行）的通知》（建村〔2012〕125 号），在各地初步评价推荐的基础上，经传统村落保护发展专家委员会评审认定，住房城乡建设部、文化部、国家文物局、财政部、国土资源部、农业部、国家旅游局（以下称七部局）决定将北京市门头沟区雁翅镇碣石村等 994 个村落（名单见附件）列入中国传统村落名录，现予以公布。

请各地按照《关于切实加强中国传统村落保护的指导意见》（建村〔2014〕61 号）和《关于做好中国传统村落保护项目实施工作的意见》（建村〔2014〕135 号）要求，抓紧建立村落档案，编制保护发展规划，保护文化遗产，探索开展保护性修复试点，做好保护项目实施管理。七部局将对中国传统村落保护发展工作予以监督指导。

附件：第三批列入中国传统村落名录的村落名单（节选）

中华人民共和国住房和城乡建设部

中华人民共和国文化部

国家文物局

中华人民共和国财政部

中华人民共和国国土资源部

中华人民共和国农业部

中华人民共和国国家旅游局

2014 年 11 月 17 日

附件

第三批列入中国传统村落名录的村落名单（节选）

二十二、贵州省（134 个）

铜仁市碧江区坝黄镇宋家坝村塘边古树园

铜仁市碧江区瓦屋侗族乡克兰寨村

铜仁市玉屏侗族自治县新店乡朝阳村

铜仁市玉屏侗族自治县新店乡大湾村

铜仁市思南县合朋溪镇鱼塘村

铜仁市思南县塘头镇甲秀社区

铜仁市思南县塘头镇街子村

铜仁市思南县大坝场镇官塘坝村

铜仁市思南县大坝场镇尧上村

铜仁市思南县瓮溪镇瓮溪社区马家山组

铜仁市印江土家族苗族自治县板溪镇渠沟村

铜仁市印江土家族苗族自治县天堂镇中尧村

铜仁市印江土家族苗族自治县合水镇兴旺村

铜仁市印江土家族苗族自治县缠溪镇方家岭村

铜仁市印江土家族苗族自治县新寨乡黔溪村

铜仁市印江土家族苗族自治县中坝乡虹穴村

铜仁市印江土家族苗族自治县新业乡芙蓉村

铜仁市印江土家族苗族自治县新业乡坪所村

铜仁市德江县煎茶镇付家村

铜仁市德江县复兴镇稳溪村

铜仁市德江县合兴镇朝阳村

铜仁市德江县高山镇梨子水村

铜仁市沿河土家族自治县夹石镇闵子溪村

铜仁市沿河土家族自治县官舟镇木子岭村

铜仁市沿河土家族自治县板场乡洋溪村

铜仁市沿河土家族自治县后坪乡下坝村

铜仁市松桃苗族自治县普觉镇半坡村

铜仁市松桃苗族自治县寨英镇大水村

铜仁市松桃苗族自治县寨英镇邓堡村

铜仁市松桃苗族自治县寨英镇寨英村

铜仁市松桃苗族自治县孟溪镇头京村

铜仁市万山特区黄道乡瓦寨村

铜仁市万山特区敖寨乡石头寨

新店镇大湾村村规民约

为了推进我村民主法制建设，维护社会稳定，树立良好的民风、村风，创造安居乐业的社会环境，促进经济发展，建设文明卫生新农村，经全体村民讨论通过，制定本村规民约。

第一章　环境整治

第一条：全体村民是实施环境整治和“美丽乡村・四在农家”建设的主体，有义务参与基础设施建设和清洁卫生活动，投工投劳。

第二条：成立大湾村环境整治理事会，由村支两委会议推选理事长，理事由村民组长、村民代表组成。

第三条：环境整治理事会集体研究决定村内垃圾箱、排污沟渠走向、保洁员聘请等环境卫生建设事项，广大村民要予以支持和配合。

第四条：房屋周围为各户卫生责任区，要定期对责任区和屋内、庭院进行彻底打扫清洁，清除杂草和卫生死角。不乱倒垃圾，不乱泼污水，卫生责任区内要长期保持无污水，无废弃包装物等垃圾。

第五条：全体村民要自觉维护良好生产生活秩序，不得在房前屋后、公路两旁和村公共场所杂乱堆放农具、建筑材料、柴草等；不得把公路两旁当作施工场，严禁在门口摆摊设点；不得在道路上晒、打农作物和摆摊经营。

第六条：积极配合拆除影响村容村貌或新村规划的危房、破旧“三栏”，彻底清除废墙，不在门前屋后乱搭乱盖。

第七条：爱护村绿化植物。不得擅自挖移绿化花木，不得自行对绿化花木进行剪枝繁殖；不得侵占绿地和公共场所，或根据个人喜好在公共场所、村绿化区域擅自种植花木。

第八条：垃圾要分类处理。主动将可回收利用的塑料瓶、啤酒瓶、鸡鸭毛等废旧物品积攒送到符合要求的收购点处理，及时将不可回收生活垃圾倒入定点的垃圾箱内；建筑垃圾要运到村指定地点倾倒。

第九条：规范禽畜养殖。人畜分离，集中圈养，并达到卫生要求。利用沼气池、化粪池处理好禽畜粪便，不得向水沟、巷道直排粪便和污水，病死禽畜要消毒后在不影响饮用水源水质的地方深埋处理。

第十条：聘请保洁员对卫生环境进行保洁。保洁员每天要对村内道路等公共场所清扫一次，并将垃圾清运到指定垃圾箱倾倒；对村民不良卫生习惯和行为，保洁员要及时提醒和劝阻。

第十一条：理事会要经常对卫生环境工作进行检查，每季度召开一次评议会议，对环境卫生工作进行评议，保洁员连续两个季度被评为不合格的予以辞退，由理事会另行聘请。

第十二条：广泛开展宣传教育，培育文明村风。各位村民要自觉遵守本约，同时加强对小孩文明卫生习惯的教育和培养，全体村民对违反本约定的行为要及时提醒，大胆制止。

第十三条：违反本约定的，每次由理事会征收 10 元环境卫生维护费，或由违约者义务清扫本组卫生一天。

第二章　社会治安

第十四条：每个村民都要学法、知法、守法、自觉维护法律尊严，积极同一切违法犯罪行为作斗争。

第十五条：村民之间应团结友爱，和睦相处，不打架斗殴，不酗酒滋事，严禁侮辱、诽谤他人，严禁造谣惑众、拨弄是非。

第十六条：自觉维护社会秩序和公共安全，不扰乱公共秩序，不阻碍公务人员执行公务。

第十七条：严禁偷盗、敲诈、哄抢国家、集体、个人财物，严禁赌博、严禁替罪犯藏匿赃物。

第十八条：严禁非法生产、运输、储存和买卖爆炸物品；经销烟火、爆竹等易燃易爆物品须经公安机关等有关部门批准。

第十九条：爱护公共财产，不得损坏水利、道路交通、供电、通信、生产等公共设施。

第二十条：严禁非法限制他人人身自由或非法侵犯他人住宅，不准隐匿、毁弃、私拆他人邮件。

第二十一条：严禁私自砍伐国家、集体或他人的林木，严禁损害他人庄稼、瓜果及其他农作物。

对违反上述社会治安条款者，触犯法律法规的，报送司法机关处理。尚未触犯刑律和治安处罚条例的，由村委会批评教育，责令改正。

第三章　森林和防火

第二十二条：护林防火，人人有责。万一发现野外火源，无论如何村民都要设法在第一时间里向村支“两委”报告，接到火情的任何人都要在最短时间内号召广大群众赶赴现场扑火。

第二十三条：村民野外用火发生火灾损失的，除应赔偿由此带来的一切经济损失外，视情节轻重予以追究法律责任。

第二十四条：凡擅自盗伐集体和个人林木者，视其情节轻重，罚被盗伐林木价值的 2 至 5 倍；夜间盗伐林木者，加倍处罚。

第四章　贫困户管理

第二十五条：贫困户义务“六要”

1. 缴纳新型农村合作医疗或城镇居民基本医疗保险费用；

2. 保证适龄儿童、少年接受九年义务教育；

3. 支持集体经济发展、基础设施建设、村级公益事业等；

4. 配合乡（镇）、村易地扶贫搬迁旧房拆除工作，盘活闲置土地避免土地撂荒；

5. 在脱贫攻坚中央、省、市督导、检查、评估考核以及扶贫专项调查中如实反映情况；

6. 做好住房室内外环境卫生，消除“脏乱差”现象。

第二十六条：差异化管理“十条”

1.“四有”人员的脱贫户家庭，原则上不再享受“10113”产业收益及其他收益政策，人均年收入超过 8000 元稳定脱贫的脱贫户家庭 2020 年以后原则上不再享受“10113”产业收益及其他收益政策；

2. 不缴纳新型农村合作医疗或城镇居民基本医疗保险费用的，所需缴纳保险金额从“10113”产业扶贫项目收益中扣除，并加扣“10113”产业收益收入 500 元；

3. 室内外环境卫生存在“脏乱差”的，扣除“10113”产业收益 500 元；

4. 不履行九年义务教育制度，造成适龄儿童、少年辍学的，取消辍学年度“10113”产业扶贫收益资金发放；

5. 贫困户家庭成员具有普通劳动能力，不参与集体经济发展、基础设施建设、村级公益事业的，按照 150 元 / 天标准从“10113”产业收益中扣除；

6. 在脱贫攻坚督导、检查、评估、考核中不如实反映情况，以及非法上访、不按正常程序反馈诉求的，扣除“10113”产业收益 500 元；

7. 违反国家法律法规、涉黑涉恶被追究刑事责任的，被司法机关认定为不良诚信行为列入失信人员名单的，取消“10113”产业收益；

8. 不赡养老人，不抚养子女，参与赌博和迷信活动，以及薄养厚葬的，取消“10113”产业收益；

9. 通过微博、微信、QQ、抖音等网络渠道散播不当言论造成不良影响的，取消享受“10113”产业收益；

10. 易地扶贫搬迁旧房不按政策拆除的，不配合盘活闲置土地导致土地撂荒的，取消享受“10113”产业收益。对差异化管理扣除资金，纳入村级集体经济，用于产业发展和公益事业。

第五章 村风民俗

第二十七条：提倡社会主义精神文明，移风易俗，反对封建迷信及其他不文明行为，树立良好的民风、村风。

第二十八条：红白喜事由红白喜事理事会管理，喜事新办，丧事从俭，破除陈规旧俗，反对铺张浪费、反对大操大办。

第二十九条：不请神弄鬼或装神弄鬼，不搞封建迷信活动，不听、看、传淫秽书刊、音像等。

第三十条：建立正常的人际关系，不搞宗派活动，反对家族主义。

第三十一条：建房应服从村庄建设规划，经村委会和上级有关部门批准，统一安排，不得擅自动工，不得违反规划或损害四邻利益。

违反上述规定的给予批评教育，出具检讨书，情节严重的交上级有关部门处理。

第六章　邻里关系

第三十二条：村民之间要互尊、互爱、互助，和睦相处，建立良好的邻里关系。

第三十三条：在生产、生活、社会交往过程中，应遵循平等、自愿、互惠互利的原则，发扬社会主义新风尚。

第三十四条：邻里纠纷，应本着团结友爱的原则平等协商解决，协商不成的可申请村调解委员会调解，也可依法向人民法院起诉，树立依法维权意识，不得以牙还牙，以暴制暴。

第七章　婚姻家庭

第三十五条：遵循婚姻自由、男女平等、一夫一妻、尊老爱幼的原则，建立团结和睦的家庭关系。

第三十六条：婚姻大事由本人作主，反对包办干涉，男女青年结婚必须符合法定结婚年龄要求。

第三十七条：自觉遵守计划生育法律、法规、政策，实行计划生育，提倡优生优育，严禁政策外生育或超生。

第三十八条：夫妻地位平等，共同承担家务劳动，共同管理家庭财产，反对家庭暴力。

第三十九条：父母应尽抚养、教育未成年子女的义务，禁止歧视、虐待、遗弃女婴，破除生男才能传宗接代的陋习。子女应尽赡养老人的义务，不得歧视、虐待老人。

第八章　农村安全饮水管护制度

第四十条：安全饮水工程机电水泵操作规则

首先观察总控制柜电压表上三相电压是否正常，即 380 ~ 400V，为了使机电、水泵正常运行，确保供水，工作人员必须遵守如下操作规程：

1. 检查配电盘、起动柜、电机、水泵、闸阀有无异常现象，电源接触处是否有不良情况。

2. 机泵运行时，要常观察电流、电压是否平稳正常、电源接触处是否有异常现象，静听电机、水泵是否有异常响声。

3. 做好运行记录，随时观察水池情况，防止水池翻水。

4. 牢固树立安全生产观。遇暴雨、雷电应停机。维修保养机组时，首先应关闭总电源。

5. 停电时，先关出水阀门到一半，再按停机按钮，最后把阀门关闭完毕。

第四十一条：用水户协会供水管理制度

1. 为实现计划用水，节约用水，提高工程效益，为广大用水户提供安全饮水服务，依据协会议程制定本制度。

2. 供水时间实行 24 小时连续供水， 用水户自觉蓄水。安装、维修停止供水两天以上，应事先通知用水户。

3. 用水户必须安装水表，无表一律不供水。协会管理人员定期对用水户水表进行检验、擦洗，并按规定收取校表费。

4. 用水户发现供水设施漏水，应立即通知管理人员。用水户损坏供水管、龙头、水表造成漏水，应立即通知管理人员及时维修，无故不报造成用水损失者，根据情节轻重，处 10 元至 50 元罚款或停止供水。

5. 管理人员对用水户每月定期抄表，收费按县物价局规定非城镇供用水标准收取，即生活用水每吨水 1 ~ 2 元。无故不交者，按水费总额的百分之一收取滞纳金，连续两个月不交者停止供水。

6. 严禁用水户采取滴漏积水使用，管理人员发现一次罚款 50 ~ 100 元。

7. 为保证供水质量，供水工程按国家有关规定的最低标准减半执行最低用水量，即每块表按每月 2 吨的基数，每月用水不足 2 吨者，按每块表 2 吨收取水费，超过 2 吨，按实际吨位收取。

8. 新安装用水户，必须先申请，并交纳 200 元的开户费。由管理人员负责安装，按规定收取安装工时费。用水户所购材料必须经管理员认可验收合格后，才能安装，否则，不予安装。

9. 用水户可申请暂停用水，经批准后，由管理人员封堵水管。若申请复开需交纳 10 元复开费，工时材料费由用水户自负。

10. 广大用水户均需爱护供水设施，发现供水装置损坏、漏水，应及时报告管理人员。人为损坏供水设施的，负责赔偿一切损失，情节严重者，停止供水并报有关部门依法处理。

11. 广大用水户有权监督用水协会管理人员执行国家法律、法规及协会规章制度的权利，对徇私违规违法者，将给予批评教育，情节严重者，予以辞退。

第四十二条：用水户协会水费征收使用管理办法

1. 为加强协会内部资金的管理，根据协会章程，制定本办法。

2. 本办法适用于本协会受益范围内的所有用水农户。用水户有义务合理利用和保护水资源，节约用水，自觉按时缴纳水费。

3. 安全饮水工程水价：按照黔价格〔2001〕84号《贵州省城镇供水价格管理办法实施细则》，根据玉价字〔2010〕15号《关于调整大龙镇供水价格的通知》的文件精神，参照大龙镇供水价格执行，水费价格为1～2元/吨。

4. 水费管理：各用水户水费由用水户协会进行收取并统一管理。

5. 水费使用：用于工程正常维修养护、按规定提留折旧及大修理基金，其他可用作协会管理人员的工资，行政管理费、业务生产和房屋租金，管理人员培训经费等。

第九章　管理

第四十三条：由大湾村村支“两委”、监委会负责解释、监督执行。

第四十四条：自2019年4月1日生效。

第四十五条：本村规民约与国家法律、法规有抵触的，按国家规定执行。

中共新店镇大湾村支部委员会

新店镇大湾村村民委员会

2019年3月

＊主要参考文献

1. 玉屏侗族自治县志编纂委员会编：《玉屏侗族自治县志》，贵州人民出版社，1993 年。

2. 玉屏侗族自治县志编纂委员会编：《玉屏侗族自治县志（1991—2005）》，方志出版社，2011 年。

3. 汪兴、罗世勋编：《玉屏侗族文化》，中国文联出版社，2010 年。

4. 翟河贵编：《玉屏乡愁》，四川远程电子出版社，2020 年。

5. 张昭编：《玉屏味道》，四川师范大学电子出版社，2020 年。

6. 玉屏侗族自治县侗学会研究会主办，《玉屏侗学画讯》。

＊编纂始末

2014 年 11 月，大湾村被列入第三批中国传统村落名录。2021 年 8 月，贵州省人民政府印发《贵州省传统村落高质量发展五年行动计划（2021—2025 年）》，要求：传统村落纳入地方志指导编纂内容，2023 年实现地方志编纂全覆盖。2021 年 11 月，启动《玉屏侗族自治县传统村落志》编纂工作。

因玉屏侗族自治县传统村落仅大湾和朝阳两个村，为详细记录村落历史与发展，决定大湾与朝阳分开记录村史，单独成书。本书书名定为《玉屏侗族自治县传统村落志·大湾村志》（以下简称《大湾村志》），由县档案馆（县地方志办）负责编纂，新店镇和大湾村配合。

2021 年 11 月，编纂人员第一次入村开始调研走访，随后编写篇目大纲，并结合大湾实际多次修改完善。2022 年 1 月，组建编辑部，由吴娅具体负责。按因人而异、各负其责的原则，根据篇目大纲分块进行资料收集和文字编纂，由姚茂成负责基本村情、大事纪略编纂，吴娅负责文物胜迹、村落保护与发展编纂，杨婧负责村民生活、艺文杂记、人物、附录编纂，彭飞、谢祥金分别负责风土民俗、侗族文化编纂，后增加侗寨建设类目，由吴娅、姚茂成、杨婧共同编纂。

2022 年 1 月，开始收集资料。因为《大湾村志》是大湾村首部村志，历史上侗族虽有语言但无文字记事、记史，入志资料奇缺。在资料收集过程中，除十分有限的档案资料、文化书籍资料、县志资料等小部分资料能够成文入志外，其余资料均为编辑人员走访村里老干部、老教师、老前辈所述的民间口述资料和现存实物资料的记录。遗憾的是，这些口述资料也不完整、不齐全，需要经过多次走访，多方论证，资料收集颇为困难。

2022 年 3 月底，编辑人员开始着手编纂《大湾村志》初稿。经过夜以继日的共同努力，于当年 10 月下旬完成分科编辑，开始整合志稿。其间，深入了解大湾实况后，多次调整修改篇目大纲，又因缺少资料，多次入村实地调查、走访村民补充资料，力求真实记录大湾村的自然风貌、风土人情、历史轨迹和传统文化。

大湾文化是侗族文化的一个缩影，完成村志编纂工作，难度较大。但经过编纂人员的不懈努力，于 2022 年 12 月 9 日形成《大湾村志（送审稿 1）》，报送铜仁市地方志办审议，编辑人员开始第一次分块交叉审核，并根据铜仁市地方志办的审核意见，对初稿进行增删补缀。

2023 年 1 月，《大湾村志（送审稿 2）》形成，有幸代表铜仁市传统村落志得到贵州省地方志办专家评审。待审期间，编辑人员进行第 2 次分块交叉审核，并将稿件分送新店镇、大湾村委会、大湾村部分人员审校，同时补充了图片重新排版，于 2 月下旬形成《大湾村志（送审稿 3）》。

3 月，进行了第 3 次交叉审核，同时，根据贵州省地方志办审核意见，修改打磨志稿。9 月，在完成方志出版社初审、复审修改意见落实的基础上，对文字、图片进行审校。12 月，《玉屏侗族自治县传统村落志》编纂委员会召开评审会，对志稿进行县级审核。

编纂《大湾村志》得到了县委、县人民政府的关心，新店镇和大湾村有关人士的支持。同时，相关县直部门也提供了有价值的资料，特别是县侗学会提供了大量的图片。本书得到贵州省地方志办、铜仁市地方志办领导和专家认真审阅和指导，并提出了许多宝贵的修改意见。在此谨向所有关心、支持、帮助和指导本书的人员表示衷心的感谢！

本书中所选诗词文章等部分作品，未能在出版前及时联系著作权人，请著作权人看到后与我们联系，赠志书一册，并支付版权费用以示感谢。由于编纂人员水平有限，本志书难免存在不足和瑕疵，敬请广大读者批评指正。

编辑部

2023 年 12 月